公路桥梁施工环境影响与可持续发展研究

宋振刚　著

北方联合出版传媒（集团）股份有限公司

辽宁科学技术出版社

图书在版编目（ＣＩＰ）数据

公路桥梁施工环境影响与可持续发展研究 / 宋振刚
著. -- 沈阳 ： 辽宁科学技术出版社，2024.4
ISBN 978-7-5591-3492-9

Ⅰ．①公… Ⅱ．①宋… Ⅲ．①公路桥－桥梁施工－
影响－环境－研究 Ⅳ．①U448.145.1②X21

中国国家版本馆CIP数据核字(2024)第060560号

出版发行：辽宁科学技术出版社
　　　　　（地址：沈阳市和平区十一纬路 25 号　邮编：110003）
印　刷　者：济南大地图文快印有限公司
经　销　者：各地新华书店
幅面尺寸：170mm×240mm
印　　张：14.5
字　　数：230 千字
出版时间：2025 年 4 月第 1 版
印刷时间：2025 年 4 月第 1 次印刷
策划编辑：王玉宝
责任编辑：刘翰林 于　芳
责任校对：李　红
书　　号：ISBN 978-7-5591-3492-9
定　　价：68.00 元

前　言

　　《公路桥梁施工环境影响与可持续发展研究》是一本公路桥梁施工领域的重要著作，旨在探讨公路桥梁施工对环境的影响，并提出可持续发展的策略和建议。本书深入研究了公路桥梁施工对土地、水、大气等自然环境的影响，分析了施工环境管理措施、环境影响评价方法以及社会影响等相关问题。

　　作为基础设施建设中不可或缺的一部分，公路桥梁为交通运输提供了便利，同时也推动了经济的发展，但其施工过程不可避免地对土地、水、大气等环境产生一定的影响。因此，如何在保证公路桥梁施工顺利进行的同时，最大限度地减少对环境的负面影响，实现可持续发展，是当前亟待解决的问题。

　　第一章到第三章主要介绍了公路桥梁施工对土地、水、大气环境的影响，并提出了相应的环境管理措施和环境影响评价方法，帮助读者更好地评估施工对环境的影响程度。第四章从可持续发展的角度出发，探讨了公路桥梁施工的可持续发展策略与政策建议。第五章讨论了公路桥梁施工的社会影响，包括对周边居民生活、就业和经济发展以及社会参与和沟通的影响。第六章则关注公路桥梁施工环境影响与经济效益的协同发展，探讨了环境与经济效益的关系、生态补偿与经济补偿机制以及可持续投资与融资模式。第七章分析了技术创新在公路桥梁施工中的作用以及意义，并介绍了目前的技术现状以及节能减排和资源回收利用等新技术的应用。第八章探讨了公路桥梁施工风险管理，包括风险的分类和评估、风险管理的原则和方法，以及应急预案与灾害防范。第九章关注公路桥梁施工环境教育与培训，从员工环境意识培养、监管部门的培训需求，以及公众环境教育与沟通等方面进行了讨论。第十章介绍了公路桥梁施工环境管理与监测体系的建立与运行机制，以及施工环境监测技术与方法。

本书通过对公路桥梁施工环境影响的深入研究，提出了一系列可行的环境管理措施和评价方法，以促进公路桥梁施工行业的可持续发展。同时，本书也强调了技术创新、风险管理、环境教育与培训以及环境管理与监测体系的重要性，为实现公路桥梁施工的可持续发展提供了有力支持。

目　录

第一章 公路桥梁施工环境影响分析

第一节 公路桥梁施工对土地环境的影响

公路桥梁是现代交通基础设施中不可或缺的一部分，它们在连接城市、改善交通流动和促进经济发展方面发挥着重要的作用。但在公路桥梁建设的过程中，土地环境也会受到一定的影响。

一、土地破坏与开垦

公路桥梁的建设会对土地环境产生一系列影响，主要包括土地破坏与土地开垦。

（一）土地破坏

公路桥梁的施工需要占用大量土地资源，从而导致土地破坏。在施工过程中，需要进行场地平整、挖掘和填土等活动，这些活动会改变土地的原貌，破坏土地的自然结构和功能。同时，施工过程中可能产生大量废弃物和建筑废料，会进一步增加土地破坏的程度。

土地破坏对环境的影响主要体现在以下几个方面。

1.生态系统破坏

土地破坏会对生态系统造成严重破坏。在施工过程中，清除植被导致野生动植物失去栖息地，打破了生物之间的食物链关系。

许多动物和植物需要依赖特定的环境条件才能存活和繁衍。当公路桥梁施工需要清理植被时，这些动植物会失去它们的栖息地，甚至可能面临灭绝的危险。由于栖息地的破坏，一些物种可能无法找到适合的食物和繁殖条件，从而进一步影响整个生态系统的稳定性。

2.水土流失

在公路桥梁施工过程中，土地被清除和开挖后，裸露的土壤容易受到风蚀和水蚀，导致大量土壤流失。

（1）风蚀

风蚀是土地被破坏后常见的问题之一。当植被被清除或破坏后，没有植物的保护，土壤暴露，在风的作用下容易被吹走。风蚀不仅带走了肥沃的土壤层，还会将含有养分和有机质的土壤颗粒扬起，形成扬尘现象，对周围环境造成污染。

（2）水蚀

水蚀也是土地被破坏后引发的问题之一。当降雨发生时，裸露的土壤不能有效保持水分和抵御水流的冲刷，导致大量土壤被冲刷走。水蚀不仅造成土地资源的浪费，还可能引发水体富营养化、河道淤积等问题。被冲走的土壤中含有的养分和农药残留物等污染物质，会进入水体中，导致水质恶化。

3.景观破坏

公路桥梁的施工不可避免地会对土地原有的景观造成破坏，打破了自然景观的完整性和美感。在施工过程中，土地被开挖、填筑和平整，植被被清除，这些都导致了景观的改变和破坏。

（1）破坏自然景观

许多地区拥有独特的自然景观，如山脉、河流、湖泊、森林等，它们有着自己的特色，并吸引着游客和生态旅游者。然而，在公路桥梁施工过程中，可能需要改变地形，如填平山谷、破坏湖泊或砍伐森林，都会破坏原有的自然景观。

（2）破坏人工景观

一些历史古迹、文化遗址以及农田等人工景观可能因为公路桥梁的修建而被破坏或遮蔽。这些景观具有重要的文化和历史价值，它们的改变和破坏可能会导致文化遗产的流失和历史记忆的消逝。

（3）破坏社区周围景观

公路桥梁施工还会对社区周围的景观造成负面影响。例如，在施工过程中可能出现大量噪声、尘土飞扬和交通拥堵等问题，这会破坏居民的生活环境和居住舒适度，从而降低社区的整体景观质量。

（二）土地开垦

公路桥梁的建设需要大量土地用于道路的修建、桥梁的建设和辅助设施的布置，这就意味着要对土地进行开垦。土地开垦是将原本未被利用的土地转化为人类活动用地的过程，它会对土地环境产生以下影响。

1.土地资源消耗

公路桥梁施工中的土地开垦问题导致了大量土地资源的消耗，对可持续发展产生了负面影响。特别是在城市周边地区，土地资源本就有限，过度的土地开垦可能会导致土地资源的枯竭和失衡。

土地开垦意味着将原本未被利用的土地转化为人类活动用地。在公路桥梁施工过程中，需要大量土地用于道路修建、桥梁建设以及辅助设施的布置。这些土地资源的消耗导致可用土地面积减少，使得原本用于农业、生态保护或其他用途的土地变得不再可用。

土地开垦不仅消耗了土地资源，还破坏了土地的自然结构和功能。原本未被开垦的土地往往具有一定的生态功能，如土壤保持、水源涵养、气候调节等。当土地被开垦后，这些生态功能得不到有效维护，导致生态系统的破坏和生物多样性的丧失。

尤其在城市周边地区，土地资源供需矛盾尤为突出。随着城市化进程的加快，土地被大量开垦用于城市扩张和基础设施建设，这使得农田减少、生态环境破坏等问题日益严重。土地资源的枯竭不仅给粮食生产和生态保护带来挑战，而且会导致土地利用冲突和社会经济发展的不平衡。

2.破坏生态系统

土地开垦对生态系统造成了严重破坏，给生物多样性和土壤稳定性带来了负面影响。在公路桥梁施工过程中，为了腾出空间用于道路建设和相关设施布置，需要清除原有的植被。

土地开垦会打破土地的自然结构和功能。原本未开发的土地通常具有稳定的土壤结构和肥沃的土壤层。当土地开垦后，土壤被破坏、剥离或混合，使得土壤结构变差，水分保持能力减弱，肥力下降。这进一步导致土地的可持续利用能力降低，农田的产量和质量也可能受到影响。

3.土地利用冲突

土地开垦在一定程度上可能引发土地利用冲突，特别是在城市扩张和农田保护之间。当农田被用于公路桥梁建设后，可能导致粮食生产受到影响，对粮食安全造成潜在威胁。

土地开垦会占用农田资源，导致耕地面积减少。农田是农民进行农作物种植和生产的重要基地，当农田被用于公路桥梁建设时，这些可耕地就无法继续用于农业生产，导致农民失去了种植农作物的机会。这不仅对农民的生计产生影响，也可能对粮食供应和粮食安全产生潜在威胁。

土地开垦还可能破坏农田的水土资源，影响农田的肥力和产量。农田通常具有较好的土壤质量和水源条件，这是农作物正常生长和高产的基础。当农田被用于公路桥梁建设时，土壤可能会被破坏、污染或剥离，水源可能会被改变或污染。这将直接影响农田的肥力和产量，对粮食生产造成不可逆转的影响。

土地利用冲突还可能导致社会经济不平衡和社会稳定问题。农民依赖农田进行耕种，一旦失去了耕地，他们的生计和社会地位可能受到严重威胁。土地开垦还可能会引发农民对土地资源的争夺和冲突，导致社会稳定性下降。

二、生物多样性丧失

（一）物种迁徙与分隔

在自然界中，许多动物会进行季节性或周期性的迁徙，以寻找适宜的栖息地、寻觅食物或进行繁殖活动。这些迁徙过程是动物生存和繁衍的关键部分，对于维持种群的健康和物种的遗传多样性至关重要。然而，公路桥梁的修建打断了动物迁徙的路径，导致了物种迁徙受阻和分隔的问题。

许多动物依靠特定的迁徙路线进行迁徙，如候鸟飞行路径、陆地动物的迁徙通道等。当公路桥梁跨越这些迁徙路径时，它们就成为物种迁徙的障碍物，阻碍了动物的正常迁徙。动物可能无法穿过公路或桥梁，或者由于交通车辆的干扰而不敢跨越。这使得动物在迁徙过程中被迫改变路径或停留在局限的区域，导致其迁徙行为受到严重影响。

迁徙是动物种群之间基因交换的重要方式，通过迁徙，不同地区的个体可以相互交配，增加遗传多样性。当公路桥梁分隔了原本连通的生境时，物种之间的交流受到了限制。这可能导致不同地区的个体不能相互交配，逐渐形成孤立的亚种甚至新物种，降低了遗传多样性和适应能力。

同时，一些动物还扮演着重要的角色，如控制害虫数量、传播花粉或种子等，它们的迁徙对于维持生态平衡至关重要。当这些动物无法完成迁徙时，它们的功能和作用将受到严重削弱，可能引发连锁反应，对生态系统的稳定性产生负面影响。

（二）生态平衡破坏

生物多样性是生态系统的重要组成部分，各个物种之间相互依存，维持着生态平衡。然而，公路桥梁的修建会打破这种平衡，引发一系列连锁反应，从而进一步加剧生物多样性的丧失并可能引发生态系统的崩溃。

公路桥梁施工会导致某些物种数量的减少或消失，从而影响整个生态系统中的物种丰富度和种群结构。许多物种在生态系统中扮演着特定的角色，如食物链中的捕食者、食草动物和腐食者等。当某个物种数量减少或消失时，它所承担的生态角色得不到正常发挥，可能导致食物链的紊乱和能量流动的受阻。这会对其他物种的生存和繁衍产生直接或间接的影响。

公路桥梁的修建也会导致物种竞争关系的改变。在一个健康的生态系统中，不同物种之间存在着相互制约和竞争的关系，维持着相对稳定的物种组成。然而，公路桥梁的施工可能导致一些物种数量减少，从而使其他物种的生存空间扩大或资源得到更多利用。这可能引发新的竞争关系，某些物种可能过度繁殖或扩张，进而影响到其他物种的生存和繁衍。

公路桥梁施工还可能破坏重要的生态服务系统。生物多样性是生态系统为人类提供各种生态服务的基础，如水源涵养、土壤保护、气候调节等。当生物多样性丧失严重时，这些生态服务系统将受到削弱甚至丧失，给人类社会和经济带来负面影响。例如，缺乏足够的植被覆盖和根系固定作用，容易导致土壤侵蚀和水土流失，加剧自然灾害的发生频率和强度。

（三）物种灭绝和生态服务减弱

公路桥梁施工造成的生物多样性丧失可能导致一些物种的灭绝，进而削弱生态系统所提供的各种生态服务。每个物种在生态系统中扮演着特定的角色和功能，当某个物种灭绝时，它的功能和价值将永久丧失。

1.影响生态系统的稳定性和平衡

生物多样性是生态系统的关键组成部分，各个物种之间相互依存，构建着复杂的食物链和生态关系。当一个物种灭绝时，与之相关的食物链和生态关系可能被破坏，导致生态平衡的紊乱。例如，某个捕食性动物灭绝后，其猎物数量可能过度增加，造成其他生物群体的压力和生境的破坏。

2.对农、林业和渔业等产生负面影响

许多物种在农业生产和自然资源管理中发挥着重要的作用，如控制害虫数量、传播种子、维持土壤肥力等。当这些物种灭绝时，它们所提供的生态服务将丧失，可能导致农作物减产、森林退化和渔业资源减少。这会对人类经济活动和食品安全产生直接的影响。

3.削弱生态系统的抵御力和适应能力

生物多样性可以提高生态系统的稳定性和韧性，使其能够更好地应对环境变化和自然灾害。当物种灭绝时，生态系统的适应能力受到限制，面临着更大的风险。例如，海洋生态系统中珊瑚礁的灭绝将导致整个海洋生态系统的崩溃，无法保护海岸线、提供栖息地和支持渔业等重要功能。

物种灭绝不仅损失了生态系统的功能和价值，也代表了文化和历史遗产的丧失。许多物种在文化中具有重要意义，它们是地方特色和传统知识的一部分。当这些物种灭绝时，人们失去了与之相关的文化和历史连接，这对社会和心理福祉造成了负面影响。

三、噪声与振动

公路桥梁施工过程中产生的噪声与振动是对土地环境造成的主要影响之一。

（一）噪声

公路桥梁的施工会产生大量噪声，包括机械设备的噪声、车辆行驶的噪声以及爆破作业等所产生的冲击声。这些噪声超过了周围环境的正常水平，给周边居民、野生动物和生态系统带来噪声污染。

1.影响居民生活品质

公路桥梁施工会对居民生活品质产生显著影响。施工现场通常位于人口密集的城市或乡村地区附近，噪声污染成为居民日常生活中不可忽视的问题。

公路桥梁施工过程中产生的机械设备噪声、车辆行驶噪声以及爆破作业的冲击声都会超过周围环境的正常生活水平。这种高强度的噪声会扰乱居民的休息时间，导致睡眠障碍和不良的睡眠质量。长期暴露于噪声环境中，居民可能会面临失眠、疲劳和精神压力增加等问题。

持续的噪声干扰使得居民难以集中注意力进行工作、学习或其他重要活动。特别是在需要进行复杂思考或精细操作的任务中，噪声的干扰会降低居民的工作效率和学习能力。高强度的噪声还会掩盖语言和声音，使得人们在交谈时需要提高音量，或者频繁重复对话内容，导致交流的困难和不便。

长期暴露于高强度噪声环境中会对居民的心理健康产生负面影响。持续的噪声干扰可能引发焦虑、抑郁等心理问题。噪声污染会对居民的心理状态产生负面影响，从而降低居民生活质量和幸福感。

2.影响野生动物

公路桥梁施工对野生动物的影响主要体现在噪声对其生存和繁衍方面的影响。

野生动物对噪声非常敏感，高强度的噪声会扰乱野生动物的正常行为模式，干扰它们的觅食、休息、繁殖和迁徙等重要活动。许多野生动物依靠声音进行定位、识别同类等，噪声干扰会使这些重要的生物学行为受到阻碍。

噪声污染可能导致野生动物的栖息地减少，当施工现场周围的噪声水平超过野生动物的耐受范围时，它们可能被迫离开原本的栖息地，寻找安静的环境。这样的迁移可能导致一些物种数量的减少或移出该区域，从而对生态系统的物种组成和生态平衡产生影响。

一些野生动物在繁殖期需要安静和隐蔽的环境，以躲避捕食者或避免干扰配偶的选择。然而，噪声的存在可能会干扰到它们的繁殖行为，使得交配行为减少、孵化成功率下降或幼仔存活率降低。

3.影响生态系统功能

公路桥梁施工产生的噪声污染会对生态系统功能产生负面影响，主要表现在鸟类和植物两方面。

许多鸟类依赖声音进行群体内的交流、配偶选择和领地宣示等行为。高强度的噪声会掩盖鸟类发出的声音信号，使得它们难以正常进行通信。这可能导致鸟类之间的交流受阻，影响繁殖行为、领地保卫和食物共享等重要社会行为。噪声的存在还会干扰到鸟类的听觉感知，使它们难以准确地定位和捕捉食物，从而降低觅食成功率。

许多植物依赖花粉传播和种子散布来完成繁殖过程，但噪声干扰可能会干扰到昆虫的正常活动，包括花粉传播者（如蜜蜂和蝴蝶）以及种子传播者（如啄木鸟和松鼠）。这会导致花粉传播和种子散布的减少或不均匀，影响植物的繁殖成功率和遗传多样性。

（二）振动

公路桥梁施工过程中的爆破作业和重型设备运行会产生振动效应。这些振动可能传导到周围土地和建筑物，对土地环境造成影响。

1.地质破坏

公路桥梁施工过程中产生的振动对土地环境造成了显著的地质破坏。这种地质破坏主要体现在土壤的沉降、裂缝和滑动等方面，会给土地的稳定性带来负面影响。

（1）土壤的沉降

当施工现场发生强烈的振动时，土壤层会发生沉降。这种沉降会导致土地表面出现下陷现象，进而影响建筑物、道路和其他基础设施的稳定性。

（2）土壤的裂缝和断裂

当土壤受到强烈的振动作用时，土壤内部的应力会产生变化，从而引发土壤的裂缝和断裂。这些裂缝和断裂破坏了土壤的连续性和完整性，进一步加剧了土地的不稳定性风险。

（3）土地滑动

当振动作用超过土壤内部的剪切强度时，土壤会失去稳定性，导致土地滑动和山体滑坡等灾害事件。这些灾害不仅对土地本身造成了破坏，还可能危及周围的建筑物、道路和人员安全。

2.结构损坏

公路桥梁施工过程中产生的振动对建筑物、桥梁和其他基础设施的结构完整性产生了威胁。长期暴露于高强度的振动环境中可能导致这些结构发生损坏、裂缝和倒塌，给人们的生命财产安全带来潜在风险。

（1）造成冲击

当振动传导到建筑物时，建筑物的结构元件如墙体、柱子和梁等会受到外力的作用，从而导致结构的变形和破坏。长期频繁的振动会逐渐积累损伤，增加结构的脆弱性和破坏风险。

（2）隐蔽缺陷的暴露

一些建筑物可能存在设计或施工上的隐蔽缺陷，如不良连接、材料质量问题等。地震和振动的作用会进一步加剧这些隐蔽缺陷的损坏，使其暴露出来，从而导致结构的进一步破坏。

（3）结构材料的劣化

在频繁振动的作用下，结构材料会受到应力的反复加载，从而引发疲劳损伤。随着时间的推移，结构材料的强度和稳定性逐渐降低，使得建筑物更容易发生破坏和倒塌。

第二节　公路桥梁施工对水环境的影响

在桥梁施工过程中所产生的各种活动和因素都可能对周围的水环境造成一定的影响。

一、施工阶段对水环境的影响

公路桥梁在施工阶段，会对周围的水环境产生一系列的影响。这些影响主要涉及水质、水流动态等方面。

（一）化学物质排放

在公路桥梁施工过程中，化学物质排放是一个不可忽视的环境问题。施工过程中使用的各种含有化学物质的材料，如水泥、混凝土、油漆、溶剂等，有可能因为操作失误而进入水体，从而导致水环境的污染。这些化学物质会对水生生物产生直接或间接的伤害，从而给水环境带来一系列的问题。

1.水泥和混凝土

一些常用的建筑材料，如水泥和混凝土，在施工过程中会释放出有害的化学物质。例如，水泥生产中常用的石灰石煅烧会释放二氧化碳、氮氧化物和硫氧化物等大量的气体污染物，这些污染物可以通过大气降水形式进入水体，导致水质污染。在混凝土生产和使用的过程中，常常添加了一些化学添加剂，这些添加剂中的一些成分具有毒性，如果未经妥善处理就进入水体，将对水生生物造成危害。

2.油漆和溶剂

油漆中含有挥发性有机化合物（VOCs），这些物质具有毒性，对水生生物和生态系统都会产生不良影响。而溶剂的使用和处理不当可能导致其流入水体，造成水环境的污染。这些化学物质往往具有生物累积性，会逐渐积累在水生生物体内，通过食物链产生富集，从而造成更大危害。

3.施工中操作失误

在施工过程中难免会发生操作失误（如洒落或溢出），这也会导致化学物质进入水体。例如，在混凝土搅拌和运输过程中，可能因为设备故障或操作失误导致混凝土泄漏，进而将其中的化学物质排放到附近的水体中。这种意外事故的发生可能会造成严重的水环境污染，并对水生生物产生严重影响。

化学物质排放对水环境的影响是复杂而长期的。它们可以直接杀死水生生物，破坏水生态系统的平衡；同时，它们还可能通过生物累积的方式进入食物链，进一步传递给其他生物，并对整个生态系统的稳定和健康产生持久影响。

（二）建筑废弃物处理

在公路桥梁施工过程中，大量的建筑废弃物是一个需要关注的环境问题。这些废弃物包括砖块、混凝土碎片、木材等，如果没有得到妥善处理，可能会被随意倾倒或运输到附近的水域中，从而引发水环境的污染。

1.阻塞水流路径

当废弃物被倾倒或堆积在河道、湖泊等水体中，会导致水流受阻，甚至改变水流动态。这可能影响水体的自然循环和水生态系统的稳定性，对水生生物和它们的栖息地产生负面影响。

2.含有有害物质

建筑废弃物中可能含有有害物质，例如混凝土中的钢筋、水泥中的重金属等。这些有害物质可能会渗透到水体中，导致水质下降，对水生生物造成毒害。特别是一些重金属具有生物累积性，会逐渐积聚在水生生物体内，对整个生态系统产生长期的影响。

3.改变水体的水文地质条件

大量的废弃物会导致水体淤积和河道变窄，进而影响水流的畅通性和水体的自净能力。这可能引发洪水、泥石流等自然灾害，并对水生态系统的平衡造成不利影响。

（三）水资源的利用和消耗

公路桥梁施工阶段对水资源的利用和消耗是一个需要关注的重要问题。在施工过程中，常常需要使用大量的水资源，包括供应给工地的水以及用于清洗设备、保持工地清洁的水。但大量的水资源利用和消耗可能会导致周围水体的缺水问题，并对水生态系统造成一定的影响。

施工阶段需要大量的水来满足建筑工地的需求，这些需求包括混凝土搅拌、灌浆、灭火、冲洗设备等。特别是在干旱地区或水资源稀缺的地区进行施工时，大量的水资源消耗可能会加剧当地的水资源紧张状况，甚至引发水源枯竭的问题。

由于施工现场的特殊性，水的浪费现象比较普遍。例如，没有采取节水措施的设备清洗和车辆冲洗等活动会导致大量水资源的浪费。水资源利用不当还可能会导致污水的产生，进而污染周围的水体。

（四）施工船只和设备对水流动态的影响

在建设水上桥梁时，施工船只和设备的使用会对水流动态产生一定的影响，这是一个需要关注的问题。船只和设备的进出、挖掘和填充等活动可能会改变水体的流向和水流速度，甚至导致河床的改变。这种影响对水生态系统和水文地质条件都可能带来重要的影响。

当大型施工船只进入水体开始施工作业时，它们所占据的空间和水动力特性可能会导致水流路径的改变。这可能会引起水体局部的水流紊乱，甚至形成涡流和漩涡。这种水流的改变可能会对水生生物的栖息地和繁殖环境产生影响。

施工船只和设备的挖掘和填充活动可能会导致河床的改变。例如，在河道中进行桥梁桩基的打桩作业时，需要使用大型振动锤等设备。这些振动锤的振动力会传导到河床中，可能导致河床松动和坍塌，进而改变河床的形态和水流动态。这种河床的改变可能会影响水生物栖息地的改变、营养物质的输送和沉积物的搬运。

施工船只和设备在进行挖掘和填充作业时，还可能引起悬浮颗粒物的悬浮和扩散。挖掘过程中产生的悬浮颗粒物可能会被水流带动，进而影响水体的透明度。这可能会改变水中的光照条件，从而对水生生物的生活环境造成不利影响。

二、施工后期对水环境的影响

（一）河床改变

在公路桥梁施工完成后，河床的改变是一个常见的影响因素。桥梁的设置和道路的修建可能会改变水流的路径和速度，进而对河床造成一定的影响。这种河床改变可能导致泥沙淤积或河道侵蚀，进而影响河流的水量调节能力、生态功能和水域稳定性。

当公路桥梁修建在河流上时，需要进行河道挖掘和填筑等工程活动。这些工程活动可能导致河床的淤积或堆积。例如，在河道中进行基础挖掘时，可能需要将部分土壤、泥沙和石块移除。这样的挖掘过程可能会使河床变浅，导致水流减缓，甚至形成死水区。为了建设桥梁，也可能需要进行河床填筑，增加河道的高度。这种填筑行为可能会改变河床的形态，影响水流的通畅性和水域的稳定性。

桥梁的存在可能会引起水流速度的变化，当水流通过桥梁下方的窄缝或支撑墩时，会形成局部的水流加速区。这可能导致河床的侵蚀，进而改变河道的形态和水流动态。特别是在高水位时，水流的冲击力更大，对河床的侵蚀作用也更明显。

公路桥梁的存在还会对水体中的沉积物和悬浮颗粒物的输运造成影响。当水流通过桥梁下方时，可能会发生泥沙、悬浮物质的沉积现象。这可能导致河床上的沉积物增多，形成淤积，从而影响河流的水量调节能力和生态功能。

河床改变对水环境和生态系统都可能带来重要的影响。例如，河床的淤积可能导致河流的水量调节能力减弱，增加洪水风险；河床的侵蚀可能导致岸边的土地崩塌和河岸退缩；沉积物的增加可能导致水质下降，影响水生生物的生活环境等。

（二）水质恢复缓慢

即使桥梁施工结束，水质恢复至原始状态也需要一定时间。在施工过程中，废水排放和悬浮物质的沉积会导致水体中污染物浓度长时间维持在较高水平，对水环境的健康状况产生影响。

桥梁施工可能会引起多种污染源的释放，其中包括废水和悬浮物质。废水中含有大量的悬浮固体、溶解有机物和化学物质，这些物质会直接释放到周围的水体中。同时，施工现场的扬尘和土壤侵蚀也会导致悬浮物质进入水体。这些污染物质会改变水体的化学组成和生物活性，对水生态系统造成不利影响。

废水排放和悬浮物质沉积会导致水体中污染物浓度升高，并且这种情况可能会持续一段时间。即使施工结束后停止了废水排放，但由于污染物在水体中的稳定性和降解速度有限，水质恢复的过程会相对缓慢。污染物在水中的降解受到多种因素的影响，包括温度、光照、水流速度和水体的生物活性等。

水体本身的自净能力也会影响水质恢复的速度。水体具有一定的自我修复和净化能力，但这种过程需要时间来实现。水中的微生物和生态系统会通过分解和吸附等机制逐渐降解和去除污染物，以恢复水体的健康状态。但由于施工所带来的污染物浓度较高，超过了水体自身的处理能力，因此水质恢复的过程会相对缓慢。

第三节 公路桥梁施工对大气环境的影响

公路桥梁施工是城市建设和交通发展的重要环节，它也不可避免地对大气环境产生一些影响。

一、扬尘污染

扬尘污染是公路桥梁施工过程中最常见的环境问题之一。

（一）扬尘的形成

在公路桥梁施工过程中，扬尘的形成因素主要有以下几个方面。

1.施工区域土壤裸露

在进行土方工程，如挖土和填土等操作时，大量的土壤会被暴露在空气中。这些裸露的土壤容易受到风力的作用，造成扬尘现象的发生。

挖土作业通常需要将地表土壤剥离并运输至其他地方。在这个过程中，施工区域的土壤被暴露在空气中，没有了自然的覆盖层保护。当风吹过这些裸露的土壤时，颗粒物会被带起并散布到周围的空气中，形成扬尘。

填土作业也可能导致土壤裸露。在建设公路桥梁时，需要对基础进行填充，以保证结构的稳定性。填土过程中，施工人员会将大量的土壤倾倒在施工区域。这些新填充的土壤可能还没有完全紧实，如果不进行覆盖，容易被风吹散形成扬尘。

2.施工车辆行驶

施工车辆行驶是公路桥梁施工过程中常见的扬尘源之一。在施工期间，大量的施工车辆需要频繁进出施工区域，这些车辆在行驶过程中会搅动路面上的尘土，并将其带起形成扬尘现象。

施工车辆的轮胎与道路表面产生摩擦，特别是在未铺设或未完全固结的道路表面，容易搅动路面上的松散颗粒物。这些松散的颗粒物被车辆的行驶引力带起，随着风吹散到周围空气中形成扬尘。

施工车辆在行驶过程中也会引发路面的震动。震动作用下，路面上的尘土会被激发并重新悬浮到空气中。特别是在干燥的天气条件下，土壤更容易变得干燥脆弱，使得扬尘问题更加严重。

3.施工设备操作

在施工期间，各种机械设备，如挖掘机、铲车等被广泛应用于施工作业中。这些设备在操作过程中产生的振动和机械碰撞会导致周围的尘土被激发并形成扬尘现象。

施工设备的操作会引起机械碰撞和物料的抛洒。例如，挖掘机在挖掘土方时，可能会与地表产生机械碰撞，将地表的尘土带起。类似地，铲车在搬运物料时也会引起尘土的飞扬。这些机械碰撞和物料的抛洒都会增加扬尘的产生。

（二）扬尘污染的影响

公路桥梁施工引起的扬尘污染对大气环境产生了以下几方面的影响。

1.空气质量下降

扬尘污染对大气环境产生的一个重要影响是空气质量下降。扬尘中悬浮的颗粒物会导致空气中颗粒物浓度升高，特别是细小颗粒物（PM2.5 和 PM10），会给人们的健康带来潜在风险，并可能引发呼吸道疾病和心血管疾病。

扬尘中的细小颗粒物（如 PM2.5）具有较小的粒径，能够长时间悬浮在空气中，并进入人体呼吸道深处。这些细小颗粒物具有较大的比表面积，能够吸附并携带多种有害物质，如重金属、有机化合物等。当人们呼吸含有高浓度细小颗粒物的空气时，这些颗粒物可以直接进入肺部，对呼吸系统造成刺激和损伤，甚至引发哮喘、慢性阻塞性肺疾病等呼吸道疾病。

扬尘中的颗粒物还包括一定数量的可吸入颗粒物（如 PM10）。这些颗粒物的粒径稍大，虽然不能进入肺部深处，但仍然可以引起呼吸道刺激和炎症反应。长期暴露在高浓度可吸入颗粒物的环境中，可能导致慢性支气管炎、肺功能下降等呼吸系统问题，并增加心血管疾病的风险。

2.能见度下降

扬尘污染对大气环境的另一个重要影响是能见度下降。由于扬尘中的颗粒物在空气中密集堆积，形成浓厚的雾霾，会使得环境的能见度明显降低。这种能见度的下降给驾驶员的行车安全带来威胁，尤其是在施工区域附近的道路上，会增加交通事故的风险。

当大量的颗粒物悬浮在空气中时，它们会散射和吸收光线，导致光线的传播受阻，能见度下降。尤其是细小颗粒物（如 PM2.5）具有较高的散射能力，使得光线无法直接穿透，从而产生浑浊的视觉效果。这种浑浊的空气会使远处的景物变得模糊不清，影响驾驶员的视线范围和远近判断能力。

扬尘污染还会导致颗粒物的沉降，使地面上的尘土更加浓厚。这些尘土会通过风力或车辆行驶而再次悬浮在空气中，形成尘雾。尘雾会进一步影响能见度，使得周围的景物变得模糊不清甚至完全看不见。这对驾驶员来说是非常危险的，因为他们可能不会及时察觉到前方的障碍物或其他车辆。

特别是在施工区域附近的道路上，扬尘污染引起的能见度下降增加了交通事故的风险。驾驶员在能见度受限的情况下，很难准确地判断道路上的交通情况和行驶距离，容易发生追尾、侧面碰撞等交通事故。

3.生态环境受损

扬尘污染对周围生态环境产生负面影响是公路桥梁施工不可忽视的问题。大量的颗粒物沉积在植被表面会阻碍光合作用和气体交换，影响植物的生长和发育。同时，扬尘也可能直接落入水体中，对水生生物造成危害。

当扬尘中的颗粒物沉积在植被表面时，会形成一层覆盖物。这层覆盖物会阻挡阳光的照射，降低植物叶片的光合作用效率，从而影响植物的能量获取和生长发育。扬尘中的颗粒物还可能堵塞植物的气孔，阻碍气体交换，进一步限制植物的正常生理功能。

扬尘还可能直接落入附近的水体中，对水生生物造成危害。沉积在水体表面的颗粒物会阻挡光线透过水体，影响水中植物的光合作用。同时，大量的颗粒物也可能被水生生物吸入或摄食，从而威胁水生生物的健康和存活。

4.城市形象受损

公路桥梁施工引起的扬尘污染会对城市形象产生负面影响。扬尘会给人一种不洁净、不舒适的感觉，从而导致城市形象受损。大量的扬尘使得城市街道、建筑物表面沾满灰尘，破坏了城市的整体美观和清洁度，也影响了居民的生活品质。

扬尘会覆盖在城市的道路和人行道上，使其显得脏乱不堪。行人经过时会被扬尘弥漫的空气所困扰，不仅给人一种不舒适的感觉，还可能对人们的健康造成潜在威胁。扬尘沉积在建筑物外墙和窗户上，使得建筑物失去原本的光彩和美观，给人一种疏于管理的印象。

扬尘污染还会影响城市的景观和绿化环境。城市中的公园、花坛等绿地区域往往是人们休闲娱乐的场所，但扬尘会降低植物的光合作用效率，影响植物的生长和美观度。扬尘沉积在绿叶表面会阻挡阳光的照射，使得植物叶片变得暗淡无光，从而影响了景观的美感。

城市形象的受损还会对旅游业和经济发展产生负面影响。一个干净、整洁的城市形象是吸引游客和投资者的重要因素之一。然而，扬尘污染给人一种不良印象，可能使游客望而却步，影响旅游业的发展。同时，对于商业活动和企业发展来说，城市形象的受损也可能降低其吸引力，导致经济活动减少。

二、挥发性有机物（VOCs）排放污染

（一）挥发性有机物的来源

在公路桥梁施工过程中，挥发性有机物主要来自以下几个方面。

1.施工材料和涂料

施工材料和涂料往往含有挥发性有机物，它们在施工过程中可能会释放到大气中。这种挥发性有机物的排放会对环境和人体健康造成一定的影响。

道路表面的沥青是公路建设中常用的材料之一。沥青中含有大量的挥发性有机物，如苯、甲苯、二甲苯等。在施工过程中，当沥青被加热以便进行铺设时，其中的挥发性有机物会被加热并释放到空气中。沥青在干燥和固化过程中也会持续释放 VOCs。

混凝土是另一种常见的施工材料，用于建造桥梁和路面。虽然混凝土本身不含有很高比例的挥发性有机物，但在施工过程中使用的添加剂和助剂中可能含有 VOCs。例如，某些混凝土添加剂和颜料中可能含有苯酚类化合物等挥发性有机物。

涂料也是公路桥梁施工中常用的材料。各种涂料中都含有挥发性有机物，如溶剂、树脂和稀释剂。当涂料施工时，这些 VOCs 会随着涂料的干燥过程逐

渐挥发到空气中。

2.施工车辆尾气

施工现场常常有大量的施工车辆进出，这些车辆在运行过程中产生的尾气中含有挥发性有机物。车辆的燃烧排放和油品蒸发都是 VOCs 的主要来源。

车辆的燃烧排放是挥发性有机物的主要来源之一。内燃机运转时会产生废气，其中包含一系列挥发性有机物。这些 VOCs 来自燃料中的烃类化合物，如石油、柴油和天然气。在燃烧过程中，燃料不完全燃烧会导致 VOCs 的排放。

车辆的油品蒸发也是 VOCs 的主要来源。车辆在运行过程中，油箱、燃油系统以及润滑系统中的油品可能会发生蒸发，释放出挥发性有机物。特别是在高温环境下，油品的蒸发速度会加快，导致 VOCs 的释放量增加。

3.施工设备操作

公路桥梁施工过程中使用的各种机械设备，如挖掘机、压路机等，在操作过程中可能会产生燃烧排放和润滑油的挥发，从而导致挥发性有机物的排放。

施工设备需要使用润滑油来保证其正常运行。在设备操作过程中，润滑油可能会因为高温和摩擦而发生蒸发，释放出挥发性有机物。尤其是在高温环境下，润滑油的蒸发速率会增加，导致更多的 VOCs 释放到空气中。

（二）挥发性有机物排放的影响

1.大气污染物形成

挥发性有机物在大气中的存在和光化学反应是大气污染物形成的重要过程。在大气中，VOCs 可以与氮氧化物（NO_x）等光化学反应生成臭氧（O_3），这对环境和人类健康都带来了一系列问题。

光化学反应是指在太阳辐射的作用下，大气中的化学物质相互作用产生新的化学物质。当 VOCs 与 NO_x 等污染物在太阳光照射下进行光化学反应时，会生成臭氧。臭氧是一种强氧化剂，在低层大气中对呼吸系统和眼睛有刺激性，会导致咳嗽、呼吸困难和眼部不适等问题。高浓度的臭氧还会对植被造成损害，降低农作物产量，影响森林健康。

臭氧的形成还伴随着细颗粒物（PM2.5 和 PM10）的生成。在光化学反应中，VOCs 与 NO_x 等污染物的反应会释放出一系列气溶胶物质，形成细颗粒物。

这些细颗粒物悬浮在空气中，被人们吸入呼吸道后对健康构成潜在风险，可引发呼吸道疾病、心血管疾病和其他健康问题。

2.光化学烟雾

光化学烟雾是指在夏季高温、晴朗的天气条件下，大气中挥发性有机物与氮氧化物等光化学反应生成的臭氧和其他污染物的混合物。它会使空气变得浑浊，能见度下降，并对人们的视力和呼吸系统造成影响。

光化学烟雾的形成与光化学反应密切相关。在光照的作用下，大气中的 VOCs 与 NOx 等污染物发生一系列复杂的化学反应，最终生成臭氧和其他氧化物。这些化学物质与大气中的颗粒物、水蒸气等混合形成光化学烟雾。

光化学烟雾主要出现在夏季高温、晴朗的天气条件下，此时太阳辐射强烈，为光化学反应提供了必要的能量。当大气中的 VOCs 和 NOx 排放量较高时，光化学烟雾的浓度也相应增加。光化学烟雾使空气中的可见光散射增加，从而降低了能见度，给人们一种浑浊、模糊的感觉。

3.温室气体排放

除了参与大气污染物形成和光化学烟雾的生成，挥发性有机物中的一些成分也属于温室气体，例如甲烷（CH_4）。温室气体的过量排放会导致地球气候变暖，引发极端天气事件，对生态环境和人类社会产生重大影响。

甲烷是一种强效的温室气体，其对地球的能量平衡具有较高的潜在影响。虽然甲烷在大气中的浓度相对较低，但它的温室效应能力却比二氧化碳高得多。挥发性有机物中的一部分被排放到大气中后，会与其他化学物质反应形成甲烷。

温室气体的过量排放会导致地球气候变暖，这是由于这些气体能够吸收并重新辐射来自太阳的红外辐射，从而增加了地球的热量。随着温度上升，全球范围内的气候模式也会发生变化，包括更频繁和更严重的极端天气事件，如暴雨、洪水、干旱和飓风等。这些极端天气事件会对生态系统的稳定和人类社会的可持续发展产生重大影响，会威胁到农业、水资源和能源供应等方面。

第二章　公路桥梁施工环境管理措施

第一节　环境监测与评估方法

环境监测与评估方法在公路桥梁施工中起着重要的作用，它可以对施工过程中可能产生的环境影响进行预测和评估，为环境保护提供科学依据。

一、环境监测方法

环境监测是公路桥梁施工中用于评估和控制环境影响的重要手段。通过对施工过程中可能产生的各种环境因素进行监测，可以及时发现问题并采取相应的措施进行调整和改进。

（一）实地调查与样品采集

实地调查是环境监测的基础工作之一，在公路桥梁施工中起着重要作用。通过实地考察施工区域周边环境，包括土壤、水体、植被等方面的情况，可以获取施工前的环境基线数据，为后续的监测和评估提供参考依据。

1.土壤调查

土壤调查包括土壤类型、质地、有机质含量、养分状况等方面的内容。通过采集土壤样品并进行实验分析，可以了解土壤的理化性质以及潜在的污染情况。土壤样品的采集需要根据施工区域的特点和土壤分布情况确定采样点位，并按照科学规范进行采样，保证采样的代表性和准确性。

2.水体调查

水体调查包括对河流、湖泊、水库等水体的水质状况、水流速度、水深等参数的测定。同时，还需关注水体中的悬浮物、溶解氧、pH、营养盐等指标。通过采集水体样品进行水质分析，可以了解水体的污染程度和潜在的环境风险。水体样品的采集需要选择合适的采样点位，并根据采样目的和要求选择合适的采样器具和方法，保证样品的原样性和代表性。

3.植被调查

植被调查包括对植物种类、数量、分布情况等方面的观察和记录。通过对植被的调查，可以了解施工前植被的类型和特征，以及可能存在的生态敏感区域。这些信息有助于评估施工对植被的影响，并采取相应的保护措施。

在实地调查中，需要充分考虑施工区域的地理、地质、气候等因素，确定采样点位和调查内容。同时，采样过程中需严格按照规范操作，避免人为因素对样品的影响。采样完成后，还需要正确保存样品，并及时送至实验室进行分析，确保分析结果的准确性。

（二）环境参数监测

环境参数监测是公路桥梁施工环境监测的重要内容之一，主要包括噪声监测、振动监测、空气质量监测和温湿度监测等。

1.噪声监测

施工期间会产生噪声，对周边居民和生态系统可能造成不良影响。为此，需要设置噪声监测点位，并使用专业的噪声监测仪器进行连续监测。监测过程中记录噪声的强度、频率、持续时间等参数，以评估噪声对环境的影响程度。根据监测结果，可以采取相应的控制措施，如调整施工时间、加装隔音设备等，减少噪声对周围环境的干扰。

2.振动监测

施工期间的机械振动可能对周边建筑物和地下管线等构造物造成损害。因此，需要设置振动监测点位，并使用振动仪器进行监测并记录振动的幅值、频率、持续时间等参数。根据监测结果，可以采取必要的保护措施，如增加缓冲层、调整施工方法等，减少振动对周边构造物的影响。

3.空气质量监测

施工期间可能产生大量粉尘、废气等污染物。为了评估施工对空气质量的影响，也需设置空气质量监测点位，并使用空气质量监测仪器进行连续监测。监测过程中记录空气中各种污染物的浓度，如颗粒物、有害气体等。根据监测结果，可以及时采取相应的控制措施，如喷洒雾炮、安装除尘设备等，降低施工对空气质量的污染程度。

4.温湿度监测

温湿度是影响施工过程和工作人员舒适度的重要因素，需要使用温度计和湿度计进行监测，监测过程中记录环境的温度和湿度的变化。通过监测结果，可以评估施工对环境舒适度的影响，并采取必要的调控措施，如增加通风设备、调整施工时段等，提供良好的工作环境。

（三）水质监测

通过对水体的采样和分析，可以评估施工对水环境的影响，并采取相应的控制措施。

1.水体采样

在施工期间，可能会产生污染物，对周边水体造成影响。为了评估施工对水环境的影响，需要设置水质监测点位，并在合适的时间和位置采集水体样品。采样过程中需要注意保持样品的原样性和代表性。

具体操作包括：选择合适的采样点位，考虑水流方向、深度、污染源等因素；使用符合要求的采样器具，如水样瓶、采样器等，避免二次污染；在采样时遵照一定的采样方法和规范，确保采样的准确性和可比性；根据需要采集多个时间点的样品，以获取不同施工阶段的数据。

2.水质分析

采集的水体样品需送往实验室进行水质分析。常见的水质指标包括浊度、溶解氧、化学需氧量（COD）、生化需氧量（BOD）等。水质分析的目的是评估水体中污染物的浓度和质量，并与环境标准进行对比。根据分析结果，可以判断施工对水环境的影响程度，并制定相应的控制措施。

具体操作包括：选择合适的实验室进行水质分析，确保实验设备和方法的准确性和可靠性；进行水样前处理，如过滤、提取等，以获得适合分析的样品；使用适当的仪器和试剂进行指标的测定，按照标准方法进行操作；对分析结果进行数据处理和解读，与相关标准进行对比，评估水质是否符合要求。

水质监测的频率和时长应根据具体情况来确定。在施工过程中，可能需要进行连续监测以及定期或不定期的监测，以全面了解施工对水环境的影响。监测结果应及时记录和保存，并结合其他环境监测数据进行综合分析和评估。根据监测结果，施工方可以采取必要的控制措施，如净化设备的增加、排放管理的优化等，保护水环境的安全与稳定。

二、环境评估方法

环境评估可以对施工过程中可能产生的环境影响进行预测和评估，为环境保护提供科学依据。

（一）环境影响评价

环境影响评价（Environmental Impact Assessment，简称 EIA）是一种系统评估方法，用于评估项目、政策或计划对环境可能产生的影响。在施工阶段，通过 EIA 可以预测和评估施工对环境的潜在影响，包括土地利用变化、生态系统破坏、水资源利用等方面。

在环境影响评价的过程中，需要对施工项目的整体规模、施工方法、使用的资源等进行详细分析。这有助于了解项目可能对环境产生的直接和间接影响，并确定评估的重点和范围。

1.土地利用变化

施工项目通常需要占用一定的土地资源，例如建设道路、房屋或工厂。评估土地利用变化可以帮助我们了解项目对周边土地利用的影响，以及可能引起的土地资源短缺或生态系统退化等问题。

2.生态系统破坏

施工活动可能会破坏当地的生态系统，如森林、湿地或草原等。评估生态系统破坏可以帮助我们了解项目对物种多样性、生态平衡以及土壤侵蚀等方面的潜在影响，并提出相应的保护措施。

3.水资源利用

施工活动通常需要大量的水资源，如供应给建筑工地的水、用于混凝土搅拌的水等。评估水资源利用可以帮助我们了解项目对当地水资源的需求情况，以及可能引起的水资源紧缺或水质污染等问题。

（二）生态风险评估

生态风险评估（Ecological Risk Assessment，简称 ERA）是一种系统评估方法，用于评估人类活动对生态系统可能产生的潜在风险。在施工阶段，通过 ERA 可以评估施工对物种多样性、生境完整性等方面的潜在影响，并为保护生态环境提供科学依据。

在生态风险评估的过程中，要对施工项目的特点、区域生态环境、敏感生物群落等进行详细调查和研究。

1.物种多样性

施工活动可能导致生物多样性的减少和物种灭绝的风险。通过评估物种多样性的损失，可以了解项目对当地生物多样性的影响程度，并提出相应的保护措施，以维护生态平衡和生物多样性。

2.生境完整性

施工活动可能导致生态系统的破坏和栖息地的丧失。通过评估生境破坏的风险，可以了解项目对当地生态系统的影响，并提出合理的修复和保护方案，以恢复受损的生态功能。

还需要考虑其他可能的生态风险，如入侵物种引入、土壤质量变化等。这些因素也可能对当地生态系统产生不良影响，并带来长期的生态风险。通过对这些风险进行评估，可以制定相应的管理措施，减少风险对生态环境的影响。

（三）环境影响因子分析

环境影响因子分析是一种评估施工过程中各种环境影响因子对环境综合影响程度的方法。通过对噪声、污染物排放等因素进行分析，可以评估这些因子对环境的潜在影响，并采取相应的措施来减少不良影响。

在环境影响因子分析的过程中，需要识别和分析施工活动可能产生的各种环境影响因子。常见的环境影响因子包括但不限于以下几个方面。

1.噪声

施工活动通常会产生噪声，如机械设备的运行声、建筑物拆除时的撞击声等。通过分析噪声的强度、频率和持续时间等参数，可以评估其对周围居民、野生动物和生态系统的影响程度。

2.污染物排放

施工活动可能会产生大量的污染物排放，如粉尘、废水和废气等。通过分析排放物的种类、浓度和扩散路径等因素，可以评估其对大气、水体和土壤的污染程度。

3.资源消耗

施工活动需要大量的能源和水资源。通过分析能源和水资源的消耗量，可以评估其对当地能源供应和水资源利用的影响。

通过将各个因子的影响程度综合考虑，可以评估施工对环境的综合影响程度。这有助于确定主要的环境风险点，并制定相应的控制措施和管理策略，以减少对环境的影响。例如，通过选择低噪声设备，采取隔音措施，进行粉尘防控，使用清洁能源等方式，可以减少噪声、振动和污染物的排放带来的不良影响。

（四）环境管理计划评估

环境管理计划评估是对施工单位提出的环境管理计划进行评估的过程。通过评估环境管理计划，可以确保其符合相关环境法规和标准，并能有效地保护环境。

在环境管理计划评估的过程中，需要仔细审查施工单位提出的环境管理计划。这包括环境保护设施的设置、环境监测措施的有效性、废物处理方案等内容。评估者需要了解施工项目的性质、规模和特点，以及当地的环境法规和标准，以便进行全面的评估。

1.环境保护设施的设置

环境保护设施是用于减少施工活动对环境的不良影响的设备或设施，如噪声隔离屏、防尘网、废水处理设施等。评估环境保护设施的设置是否充分和合理，能否有效地减少施工活动对环境的影响。

2.环境监测措施的有效性

环境监测是对施工活动对环境影响的监测和评估。评估环境管理计划中的监测措施是否能及时、准确地监测环境参数，是否能发现和处理潜在的环境问题，并采取相应的控制措施。

3.废物处理方案

施工活动通常会产生各种类型的废物，如建筑垃圾、危险废物等。评估废物处理方案是否符合相关法规和标准，包括储存、运输和处置等环节，以确保废物不对环境造成污染和损害。

4.培训和教育措施

施工单位应提供必要的培训和教育，确保员工具备环境保护意识和技能，遵守环境管理计划中的规定。

5.改进计划

根据环境管理计划评估的结果，提出改进建议。如果发现环境管理计划存在不足或不符合要求的地方，可以提出相应的改进建议，帮助施工单位完善环境管理计划，保证其符合环境法规和标准。

三、环境监测与评估结果处理

（一）数据分析与报告

环境监测与评估结果处理中的数据分析与报告是对采集到的监测数据进行统计和分析，并编制相应的监测报告，以便相关部门和管理单位了解施工环境状况。

在数据分析与报告的过程中，需要对采集到的监测数据进行整理和统计。这包括将数据按时间、地点、监测指标等分类整理，计算各项指标的平均值、最大值、最小值等统计参数，以便更好地理解数据的特征和趋势。

通过对数据进行统计学分析、时序分析、空间分析等方法，可以揭示数据之间的关系和变化趋势。例如，通过统计学分析可以确定是否存在显著差异或相关性；通过时序分析可以识别周期性变化或长期趋势；通过空间分析可以了解不同地点之间的差异。

根据数据分析的结果，编制监测报告。监测报告是将数据分析结果以清晰、准确的方式呈现给相关部门和管理单位的文档。报告应包括监测目的、方法、采样点位、监测指标、监测周期等基本信息，同时还应提供数据分析结果、趋势分析、异常情况说明等内容。

监测报告应具备科学性和可读性。科学性要求报告的数据处理和分析方法符合科学规范，并有充分的依据；可读性要求报告中使用的语言简明扼要，图表清晰明了，方便相关部门和管理单位理解和使用。

最后，将编制好的监测报告提交给相关部门和管理单位。这些部门和单位可以根据监测报告中提供的信息，评估施工环境状况，及时采取必要的措施来保护环境、预防环境问题的发生。

（二）监测预警与紧急处理

监测预警与紧急处理是在环境监测过程中发现异常情况时，及时向相关责任人员发出预警，并采取紧急处理措施，以防止环境问题进一步恶化。

在监测过程中，需要建立有效的监测系统和监测网络。该系统可以实时监测关键的环境指标，如空气质量、水质、噪声等。同时，还需要设置合理的报警机制，确保在异常情况发生时能够及时发出预警信号。

当监测数据显示环境指标超过了事先设定的安全范围或达到预警值时，监测系统应自动或手动发出预警信号。这些预警信号会通知相关责任人员，包括环境监管部门、施工单位和其他相关方。预警信号可以通过手机短信、电子邮件或其他通讯方式发送，以确保信息及时传达。

当收到预警信号后，相关责任人员应立即采取行动。他们应根据预警信号中提供的信息和指导，迅速评估环境问题的严重性和可能的影响，并采取紧急处理措施。

紧急处理措施可以根据具体情况而定，包括但不限于以下几个方面。

1.切断或控制污染源

如果异常情况是由某一特定源头引起的，相关责任人员应立即采取措施切断或控制该污染源，以防止污染进一步扩散。

2.应急清理和修复

针对可能造成环境损害的情况，相关责任人员应迅速组织应急清理和修复工作，最大限度地减少对环境的影响，并恢复受损的生态系统。

3.通知和警示

相关责任人员还应及时向周围居民、企业和公众发布通知和警示信息，告知他们当前的环境问题和采取的紧急处理措施，以确保公众的安全和健康。

在紧急处理措施实施后，应进行监测和评估，以确定是否有效控制了环境问题，并及时调整和改进措施。这有助于进一步提高环境监测与预警系统的准确性和可靠性，以便更好地应对潜在的环境风险和突发事件。

第二节　施工噪声和振动控制措施

施工噪声和振动会对周围居民的生活、工作和身体健康造成不利影响，采取有效的措施来控制施工噪声和振动是十分必要的。

一、施工噪声控制措施

为了减少施工噪声对周围居民和环境的影响，可以采取以下控制措施。

（一）设备优化

在减少施工噪声方面，选择低噪声、高效率的施工机械设备是非常重要的。现代化的施工设备通常都配备有降噪装置，这些装置可以有效地降低噪声产生。对于老旧设备，我们也可以采取改造或更换的措施，以提升设备的噪声控制能力。

现代化的施工设备在设计和制造过程中考虑了噪声控制因素，通过采用隔音材料和降噪技术，大大降低了设备本身产生的噪声。在购买或租赁设备时，我们应该优先选择这些低噪声的设备，以避免施工过程中产生过多的噪声。

对于老旧设备，我们可以进行改造或更换来提升噪声控制能力。通过安装降噪装置或进行结构调整，可以显著减少设备产生的噪声。例如，可以在设备周围加装隔音罩或隔音板，以阻隔噪声传播。我们也可以考虑将老旧设备更换为新型的低噪声设备，从根本上解决噪声问题。

除了设备本身的优化，我们还可以采取其他措施来进一步降低施工噪声。例如，在施工现场合理安排作业时间，避免在夜间或靠近居民区进行高噪声作业。通过合理布置施工区域和隔离措施也能减少噪声的扩散以及对周围环境的影响。

（二）隔离屏蔽

在施工场地周边设置隔音屏蔽墙或绿化带是减少施工噪声传播的一种有效方法。隔音屏蔽墙可以起到阻挡噪声传播的作用，而绿化带则通过树木和植物的吸声效果来减缓噪声的传播。

1.隔音屏蔽墙

隔音屏蔽墙是一种常见的隔离措施。这些墙体需要具备良好的隔音性能，以阻挡施工现场产生的噪声向周围环境传播。隔音屏蔽墙的建造可以采用吸声材料，如吸音砖、吸音板等，以增加其隔音效果。合理设计墙体的高度和结构，也能使其最大限度地抵挡噪声传播。

2.绿化带

绿化带也是一种有效的隔离屏蔽手段。通过在施工场地周边布置树木等绿化植被，可以起到吸收和减缓噪声传播的作用。树木的枝叶和表面可以吸收部分噪声波动，减少其传播距离和强度。绿化带还可以提供自然的屏蔽效果，使噪声难以穿透进入周围环境。

在设置隔音屏蔽墙或绿化带时，需要考虑以下几点：根据施工现场的具体情况和周围环境特点进行合理布局，确保隔音屏蔽墙或绿化带能够有效地遮挡和吸收噪声；选择适当的隔音材料和植被种类，以达到最佳的隔音效果；需要注意对隔音屏蔽墙和绿化带的维护和管理，以保持其良好的隔音性能和吸声效果。

（三）施工管理

合理安排作业时间是减少施工噪声影响的重要措施。夜间和居民活动高峰时段往往是居民休息和娱乐的时间，此时进行噪声大的施工作业会给周围居民带来困扰。我们应该尽量将施工活动安排在白天或活动人少的时段进行，减少对周边居民的噪声干扰。

施工现场常常涉及各种噪声源，如施工机械设备、工地车辆、施工工具等。为了减少这些噪声源产生的噪声，可以要求施工人员在操作设备时采取降噪措施，如佩戴耳罩、减速操作等。

进行施工管理时还需要注重与周围居民的沟通和协调，及时向居民告知施工时间和施工过程中可能产生的噪声情况，尽量减少不必要的误解和抱怨。同时，根据居民的反馈和需求，灵活调整施工计划，尽量减少对居民生活的干扰。

（四）技术改进

采用先进的施工工艺和技术手段是减少噪声产生的重要途径。通过引入新型材料、新工艺进行施工，优化施工流程，可以有效减少噪声源的产生。例如，在建筑施工中，传统的混凝土浇筑方式可能会产生较大的噪声。而采用预制构件、模块化装配等先进施工工艺，可以减少现场混凝土浇筑带来的噪声。使用吸音性能更好的材料，如玻璃纤维、吸音板等，也可以降低噪声的反射和传播。

优化施工流程也能够减少噪声产生。通过合理安排施工顺序和操作步骤，减少施工设备同时运行和重复作业，可以避免不必要的噪声污染。同时，采用现代化的施工管理技术，如建筑信息模型（BIM）、智能监控系统等，可以实时监测和调整施工过程中的噪声源，及时采取控制措施。

针对噪声较大的施工环节，可以研发和推广降噪技术。例如，在施工机械设备上使用低噪声液压系统、减震装置等，可以降低设备本身产生的噪声。同时，引入吸音材料和隔音罩，有效阻隔噪声的传播。通过持续的技术创新和改进，我们可以不断提升施工过程中的噪声控制能力。

（五）教育宣传

加强对施工人员和周围居民的噪声环保教育，提高噪声防护意识是长期有效的控制措施。针对施工人员，我们可以通过培训和教育活动，向他们普及噪声对健康和环境的危害。详细介绍噪声产生的原因、特点以及可能引发的健康问题，引起他们对噪声污染的重视。同时，提供噪声控制的具体方法和技巧，教育他们如何在施工过程中合理使用设备、降低操作噪声，并遵守相关法律法规，确保施工过程中的噪声控制达到标准要求。

面向周围居民开展噪声防护宣传教育活动，提高他们的噪声防护意识。向居民普及噪声的危害和影响范围，介绍噪声防护的基本知识和方法。为居民提供咨询和投诉渠道，让他们能够及时反映施工噪声问题，并得到相关部门的处理和解决。同时，鼓励居民参与噪声监测和管理，通过社区组织或居民委员会等形式，促进居民与施工方之间的沟通与合作。

在教育宣传活动中，可以采用多种形式和途径，如制作宣传册、张贴宣传海报等，以便更好地传达噪声防护的信息。还可以结合新媒体平台和社交网络，通过发布有关噪声防护的内容，扩大宣传的覆盖面和影响力。

二、施工振动控制措施

施工振动是在建筑和基础设施施工过程中常见的问题。为了减少施工振动对周围建筑物和地下管线的影响，可以采取以下控制措施。

（一）合理爆破设计

对于需要进行爆破的工程，合理设计爆破参数是减少振动影响的重要措施。通过调整爆破药量、装药方式、起爆时间等参数，可以减小爆破振动的幅度和频率。

1.合理选择爆破药量

过大的药量会导致爆破振动能量释放过多，产生强烈的振动。在设计爆破方案时，应根据具体情况，如岩石性质、爆破区域的距离和敏感建筑物的位置等，合理确定爆破药量，以达到减少振动的目的。

2.合理选择装药方式

不同的装药方式会对振动传播和分布产生不同的影响。例如，采用钻孔装药方式可以减小爆破振动的传播范围和幅度，减少对周围建筑物的影响。在实际应用中，可以根据具体情况选择合适的装药方式，以降低振动对周围环境的影响。

3.合理控制起爆时间

通过合理安排起爆时间间隔，可以减少振动波的叠加效应，降低振动的幅度和频率。同时，在进行爆破前应进行现场勘察和测量，评估周围建筑物的抗震能力。根据评估结果，合理确定起爆时间，确保施工过程中的振动不会对周围建筑物造成损害。

（二）振动监测

设置振动监测设备，实时监测施工振动情况，是有效控制施工振动的手段。通过安装振动传感器和数据采集系统，可以记录和分析施工过程中的振动数据。监测结果可用于判断振动是否超过预定限值，并及时采取相应的控制措施，如调整施工方法、减少振动源等，以保护周围建筑物和地下管线的安全。

1.选择适合的振动监测设备

振动传感器应具备高精度和广泛的频率响应范围，能够准确测量施工过程中各个方向的振动参数，如振动速度、加速度和位移等。数据采集系统应能够稳定运行并记录大量的振动数据，并提供实时监测和报警功能。

2.安装振动传感器位置需合理

要根据施工工程的特点和振动源的位置，选择合适的监测点布置方案。通常，监测点应涵盖施工区域附近的重要建筑物、地下管线等敏感目标。根据振动传感器的特性，合理安装和校准传感器，确保测量结果的准确性和可靠性。

3.实时监测和记录

通过实时监测和记录施工过程中的振动数据，可以及时发现振动超过限值的情况，并快速采取相应的控制措施。同时，对振动数据进行分析和评估，以了解振动特征和影响范围，并做出相应的调整和决策。

4.监测数据的处理和报告

对于振动监测数据，应及时进行处理和分析，生成相应的报告。报告应包括振动数据的统计分析、与预定限值的比较、对可能受到影响的目标进行评估等内容。这些报告可以作为施工管理和决策的参考依据，以保护周围建筑物和地下管线的安全。

（三）地基处理

对于需要进行地基处理的工程，采用适当的方法减少振动传递是重要的控制手段。通过在振动源附近设置缓冲层或采用特殊的地基处理技术，可以吸收和分散振动能量，减小振动传递到周围土体和建筑物的程度。

1.设置缓冲层

在振动源附近的地表或基础下方，可以设置一定厚度的缓冲层，如砂土层或橡胶垫等。这些材料具有较好的吸震性能，能够吸收和分散振动能量，减小振动传递到周围土体和建筑物的程度。缓冲层的厚度应根据实际情况和设计要求进行合理确定。

2.采用特殊的地基处理技术

采用预制桩、钢板桩等技术也能减小施工振动对地基的影响。预制桩是提前制作好的混凝土或钢制桩，通过打入地下来改善地基的承载能力。在施工过程中，由于预制桩的施工方式不同于常规挖掘和填筑，可以减小地基振动的产生和传递。钢板桩则是利用钢板组合而成的支护结构，在施工过程中具有较好的稳定性和刚度，能够有效减小振动对地基的影响。

除了上述措施，还可以采用其他地基处理技术来减小施工振动的传递。例如，采用地下连续墙、地下压实等方法可以提高地基的稳定性和承载能力，减小振动对周围土体和建筑物的影响。根据具体工程情况和设计要求，选择合适的地基处理技术进行施工，以保证施工过程中的振动控制。

（四）防护措施

对于重要的建筑物或地下管线，可以采取隔离、加固等防护措施，以降低施工振动对其造成的影响。对于地下管线，可以采取增加管道壁厚度、改善支撑结构等加固措施，提高其抗震能力。

例如，在设计和施工过程中增加管道壁厚度，使其更加坚固和稳定。同时改善管道的支撑结构，如增加支架数量或使用吸振材料等，可以有效减少振动在地下管线的传递。这些加固措施可以提高管线的抗震性能，保护其免受施工振动的损害。

除了隔离和加固的防护措施，还可以根据具体情况采取其他防护措施。例如，在重要建筑物内部设置减震装置，如弹簧隔震器、阻尼器等，以降低振动对建筑物的影响。对于地下管线，可以选择优化管线布置方案，避开振动源附近的敏感区域，减小受振动影响的可能性。

第三节　水资源保护与生态系统恢复措施

在公路桥梁施工过程中，采取一定的水资源保护和生态系统恢复措施是至关重要的。合理规划和实施这些措施可以最大限度地减少对水资源和生态环境的影响，保障施工过程的可持续性。

一、水资源保护措施

水资源是人类生存和发展的重要基础，而在公路桥梁施工过程中，由于土地开挖、爆破、混凝土浇筑等活动的进行，往往会对周边水体产生一定的影响。因此，采取适当的水资源保护措施是非常必要的。

（一）施工前期调查与评估

在进行公路桥梁施工之前，必须进行充分的水资源调查与评估。这项工作的目的是了解施工区域内水资源的分布情况、水质状况以及水动力特征等重要信息。通过评估结果，可以制订相应的保护方案，从而确保施工过程中不会对水资源造成严重的破坏。

1.分布情况

水资源调查的第一步是了解施工区域内水资源的分布情况。这包括地下水和地表水的存在与分布范围、水源补给途径等。通过收集相关的地质、水文地质和水文数据，可以绘制出水资源分布的空间图，为后续的评估工作提供基础数据。

2.水质状况

通过采集施工区域内水样，并进行水质分析，可以了解水中的污染物浓度、水质稳定性以及对生态环境的影响程度。如果发现水质存在问题，就需要进一步探索其原因，并采取相应的治理措施，确保水资源在施工过程中不受到污染。

3.水动力特征

通过对施工区域内河流、湖泊等水体的水动力学参数进行测量和分析，可以了解水流的速度、流向以及水位变化规律等。这些信息对于施工期间的水利工程设计和水文预报具有重要意义，可以帮助合理安排施工进度，并减少水力冲击对施工的影响。

4.制订方案

根据水资源调查与评估的结果，制订相应的保护方案。这包括采取措施保护地下水和地表水资源，如设置沉淀池、建立防护屏障等；同时，也需要合理安排施工工艺，减少对水环境的干扰和破坏。在实施保护方案的过程中，还应建立监测机制，定期监测水质和水量的变化，及时发现问题并采取相应的措施进行修复和改进。

（二）水体保护带设置

在公路桥梁施工现场周边可能受到影响的水体附近，必须设置水体保护带，并采取适当的防护措施，以确保水体不受污染和损害。这是保护水环境、维护生态平衡的重要举措之一。

1.确定保护带范围

根据施工现场周边水体的类型、大小和对施工活动的敏感程度，确定合理的保护带范围。一般来说，保护带应覆盖水体岸线及其附近的土地区域，并考虑到可能的水流路径和溢流情况。

2.设立警示标志

在水体保护带的边界处，设置明显的警示标志，提醒人员和车辆注意保护水体，禁止未经许可进入施工区域。这些标志应包括文字描述和图形表示，以便于广大人员理解和遵守。

3.控制人员和车辆进出

为了减少施工活动对水体的影响，应设立专门的出入口，并设置临时围栏或道路标志，限制人员和车辆进入施工区域。同时，还需指定专人进行管理和监督，确保禁止区域的有效执行。

4.防止污染物进入水体

采取措施防止施工过程中的污染物进入水体。例如，在施工现场周边设置沉淀池、滤网等设施，拦截和收集可能含有污染物的水流。对于化学药剂、燃料等易溶性污染物，必须妥善存放并避免泄漏。

5.施工技术控制

在施工过程中，采用环保施工技术和措施，减少对水体的直接影响。比如，在桥梁施工过程中，可以使用无振动桩基础技术、封闭式混凝土搅拌站等，降低施工噪声和粉尘对水体的干扰。

6.监测和修复

建立水质监测机制，定期对水体进行检测，及时发现污染问题并采取相应的修复措施。同时，还应进行施工活动的影响评估，确保施工过程中对水体的影响控制在可接受范围内。

（三）水土保持措施

在公路桥梁施工过程中，采取有效的水土保持措施至关重要，可以防止水土流失和土壤侵蚀的发生。以下将介绍一些常见的水土保持措施，以减少坡面径流速度和冲刷力，避免土壤流失和泥沙淤积。

1.设置合理的排水系统

在施工现场周边设置合理的排水系统，包括排水沟、集水井等设施，用于收集和引导降雨产生的地表径流。这样可以减少降雨对坡面的冲刷，防止水流直接冲刷土壤，同时还能够减少坡面上的积水，降低土壤软化和滑坡的风险。

2.构筑沟渠和挡土墙

在易发生水土流失的斜坡上，可以构筑沟渠和挡土墙，以减缓坡面径流速度，并形成有效的水流路径，避免水流直接冲刷坡面。沟渠和挡土墙可以采用适当的材料，如石头、混凝土等，具有良好的抗冲刷和抗侵蚀能力。

3.施工工艺优化

合理优化施工工艺也是水土保持的重要措施。例如，在进行土方开挖时，尽量避免大面积开挖和长时间裸露的情况，及时进行覆土和固结。在施工现场进行大型机械操作时，要采取适当的防护措施，减少对坡面的破坏和扰动。

4.定期检查和维护

建立水土保持的监测和维护机制，定期检查施工区域水土保持措施的有效性，并及时进行修复和补充。如果发现有水土流失或侵蚀迹象，应立即采取相应的措施进行修复，确保水土保持的效果。

（四）施工废水的处理与回用

在公路桥梁施工过程中，对于产生的废水必须建立相应的处理设施，并采取合适的处理方法，以确保废水的安全排放。还应重视废水的回用，通过收集和处理可回用的废水，实现资源的最大化利用。

1.废水处理设施建设

在施工现场设置废水处理设施，如沉淀池、过滤设备、氧化池等，用于处理产生的废水。这些设施可以通过物理、化学和生物处理工艺，去除废水中的悬浮物、重金属和有害物质，使废水达到国家或地方的排放标准。

2.沉淀和过滤

将废水通过沉淀和过滤工艺进行处理，可以有效去除废水中的悬浮物和固体颗粒。沉淀可以通过重力作用使悬浮物沉降到底部，而过滤则通过多层滤材将悬浮物截留。这样可以使废水的悬浮物浓度大幅度降低，减少对环境的污染。

3.生物处理

利用生物处理技术处理废水是一种高效环保的方法。通过引入特定微生物群落，利用其代谢能力降解废水中的有机物质和氮、磷等污染物，使废水得到净化。生物处理具有成本较低、操作简便等优点，在施工废水处理中具有广泛应用前景。

4.废水的回用

对于符合要求的废水，可以采取收集和处理后进行回用。例如，经过适当处理的废水可以用于施工现场的灌溉、洗车等用途。这样既能够节约水资源，又能够减少对环境的影响。

5.监测和评估

建立废水处理过程的监测和评估机制，定期对废水的处理效果进行检测和评估。如果发现废水处理效果不达标或存在问题，应及时调整处理工艺，并采取相应的措施进行修复和改进。

二、生态系统恢复措施

生态系统恢复是指通过一系列的管理和修复措施，使被破坏或退化的生态系统恢复到自然稳定状态的过程。

（一）施工期间生态系统保护

在进行施工之前，我们应该采取一系列措施来确保施工区域的生态系统得到有效的保护。

对于需要移除的植被，我们应该在施工前将其转移到合适的地点。这样可以最大限度地减少植被的损失，并且为植物提供了生存的机会。移植后的植被需要得到适当的照顾和维护，以确保它们能够健康成长。

对于需要破坏的生境，我们应该尽量减少破坏的范围。通过精确的施工规划和合理的施工方法，我们可以避免不必要的生境破坏。例如，在进行土地平整时，可以选择合适的机械设备和技术，以减少对地表覆盖层的破坏。

在施工期间，我们还应该采取措施减少噪声、空气和水污染。例如，使用低噪声设备和机械，合理规划施工时间，以减少对周边环境的干扰；合理处理废弃物和化学物质，确保不会对生态系统造成污染。

（二）施工后生态系统恢复

施工结束后，还应采取一系列措施来促进受损生态系统的自然恢复，并确保其功能和稳定性得到有效恢复。

1.重新种植植被

选择具有较强适应能力的本地植物种类，进行适当的植被补植。这些植物将有助于稳定土壤、防止水土流失，并提供栖息地和食物源给野生动物。在种植过程中，我们应注意植物的生长状况，并提供适当的养护措施，以确保它们能够顺利生长和繁殖。

2.修复土壤质量

在施工期间，土壤往往会因为挖掘和压实等活动而受到破坏。应通过添加有机物质和改良剂，改善土壤结构和肥力。这有助于恢复土壤的水分保持能力和养分循环，为植物生长提供良好的条件。

3.重建受损的生境

根据施工区域的特点和需要，我们可以进行湿地的修复、水体的净化、岩石堆放的调整等。通过模拟自然过程，重建受损的生境结构和功能，为野生动植物提供适宜的栖息条件。

（三）监测与评估

在公路桥梁施工期间和施工结束后，定期的监测与评估工作是至关重要的。通过监测和评估，我们可以了解环境变化和生态系统的恢复情况，从而及时调整和改进施工管理措施，确保环境保护目标的实现。

在施工期间，应进行持续的环境监测。这包括空气质量、水质、土壤质量等方面的监测。通过监测数据的收集和分析，我们可以及时发现环境污染和生态系统受损的情况，并采取相应的措施来防止和修复。

在施工结束后，应进行生态系统恢复效果的评估。通过对植被恢复情况、土壤质量、野生动物种群状况等进行调查和评估，我们可以判断恢复工作的有效性，并发现问题所在。评估结果将为进一步的管理和改进提供指导。

监测和评估工作还需要科学的方法和技术支持。例如，可以利用遥感技术进行植被覆盖度和土地利用变化的监测，使用水质监测仪器进行水体污染指标的测定，采集土壤样品进行理化指标的分析等。同时，还可以借助生物学调查和物种清查等手段，对野生动植物的种群状况和多样性进行评估。

监测与评估工作的结果将为环境保护管理提供科学依据，根据评估结果我们可以及时调整和改进施工管理措施，修正不合理的做法，优化环境保护方案。例如，如果监测发现土壤质量没有得到有效恢复，可以增加有机质添加量或调整施肥策略；如果评估发现野生动物种群数量下降，可以加强保护措施，建立野生动物保护区域等。

以上是公路桥梁施工中水资源保护与生态系统恢复的一些常用措施，通过合理的规划和实施这些措施，可以最大限度地减少对水资源和生态环境的影响，保护自然生态系统的稳定性和可持续性发展。

第三章　公路桥梁施工环境影响评价方法

第一节　环境影响评价概述

一、环境影响评价的定义和目的

环境影响评价（Environmental Impact Assessment，简称 EIA）是指对规划、建设、改造项目在环境方面可能产生的直接和间接影响进行预测、评估和管理的过程。其主要目的是为了确保项目的实施不会对周围的自然环境、人类健康以及社会经济发展造成负面影响，从而在项目决策阶段就能够采取相应的环境保护和治理措施，保障环境可持续发展。

二、环境影响评价的意义和作用

环境影响评价是一种评估项目对环境可能产生的直接和间接影响的过程。它在环境管理和可持续发展中具有重要的意义和作用。以下是环境影响评价的主要意义和作用。

（一）提前预测和识别环境风险

提前预测和识别环境风险是环境影响评价的重要意义和作用之一。通过对项目实施前的环境状况进行综合评估，可以预测和识别出可能对环境造成负面影响的因素和潜在的环境风险。这对于及时采取相应的环境保护措施、减少环境破坏和资源浪费具有重要意义。

环境影响评价过程中，首先进行项目的环境基线调查，收集与环境相关的数据和信息，包括自然环境、生态系统、水体、空气质量等方面的指标。还会考虑到周边环境的现状和敏感性，以及可能受到影响的生物多样性、自然保护区、水源地等特殊区域。通过对这些信息的收集和分析，可以全面了解项目可能产生的环境影响和风险。

在评估环境风险时，环境影响评价会综合考虑项目可能引起的各种环境问题，如土壤污染、水体污染、空气污染、噪声扰动等。根据项目的性质和规模，还会考虑到可能带来的生态系统破坏、物种灭绝、水资源消耗等因素。通过科学的方法和模型，评估这些环境问题的潜在程度和影响范围。

环境影响评价还会对项目实施过程中可能发生的事故和突发事件进行风险评估。这包括对火灾、爆炸、泄漏等意外事件的潜在影响进行分析，以及评估应对措施的有效性和紧急情况下的应急能力。

通过提前预测和识别环境风险，环境影响评价可以为项目决策者提供重要的信息和参考依据。他们可以根据评估结果，判断项目是否具有可行性和可持续性，并在决策过程中权衡各种利益和风险。如果评估结果显示项目可能对环境产生严重的负面影响，决策者可以考虑调整项目方案、采取环境保护措施或者选择其他更环保的替代方案。

提前预测和识别环境风险还有助于引起公众和利益相关者的关注，并促进他们参与项目决策和环境管理的过程。公众可以根据评估结果了解项目可能对环境和健康带来的风险，提出意见和建议，从而促进信息的透明度和决策的多元化。

（二）促进可持续发展

环境影响评价的目标是推动可持续发展，它强调的是，要考虑项目对自然环境、社会经济和人类健康的影响，并在经济发展需求和环境保护之间寻找平衡点。通过科学地评估项目的影响，可以为决策者提供重要的依据，帮助他们在项目规划和决策过程中全面考虑环境因素，以实现可持续发展的目标。

1.自然环境的影响

在评估过程中，专家们会综合考虑项目可能引起的各种状况，以确保项目不会给生态环境带来长期或不可逆转的损害。通过识别环境风险和潜在问题，决策者可以采取必要的措施来减轻负面影响，保护生态系统的完整性和多样性。

2.社会经济的影响

分析项目对就业机会、收入分配、社区发展等方面的影响，以确保项目能够促进社会经济的可持续发展。评价结果可以帮助决策者制定相关政策和措施，确保项目对当地社区和居民的福利产生积极影响，并促进社会的公平与稳定。

3.人类健康的影响

评估项目可能引起的空气污染、水质污染、噪声扰民等情况，以保障公众的健康和安全。评价结果可以为决策者提供科学依据，确保项目在运行过程中符合相关环境和健康标准，最大限度地减少对人类健康的危害。

（三）保护生态系统和自然资源

环境影响评价在保护生态系统和自然资源方面发挥着重要作用。通过评估项目对土壤、水体、空气质量等方面的潜在影响，可以识别出可能导致的生态破坏和资源损耗，并提供相应的保护措施，以确保生态系统的稳定性和自然资源的可持续利用。

1.土壤的影响

它关注项目可能引起的土地退化、土壤污染、土壤侵蚀等问题。评价结果可以帮助决策者制定土地保护政策和土壤管理措施，促进土壤的保育和恢复，减少土地资源的浪费和破坏。

2.水体的影响

它分析项目可能导致的水资源过度开采、水污染、水生态系统退化等问题。评价结果可以为决策者提供科学依据，制定水资源管理措施和水环境保护政策，确保水体的可持续利用和水生态系统的健康。

3.空气质量的影响

它评估项目可能产生的大气污染物排放、噪声和振动等因素对空气质量和居民健康的影响。评价结果可以帮助决策者制定减排政策和改善空气质量的措施，确保空气环境的清洁和健康。

通过综合考虑以上方面的影响，环境影响评价可以提供科学依据，确保项目在实施过程中尽量减少对生态系统和自然资源的不良影响。评价结果可以为决策者提供指导，促使他们采取必要的措施来保护生态系统的稳定性和完整性，同时实现资源的可持续利用。

（四）促进社会参与和信息透明

1.强调公众参与

环境影响评价提供了公众参与的机制和平台，使公众能够了解和参与到评价过程中。公众可以参加公开听证会、座谈会、意见征询等活动，了解项目的环境影响和风险，并表达自己的意见和关切。这种公众参与的方式促进了信息的交流和共享，确保决策过程更加包容。

2.注重信息透明

评价过程中的数据和信息应该对公众开放和透明，以便公众了解评价结果和决策依据。评价报告应该向公众公开，并提供易于理解的形式，使公众能够全面了解项目的环境影响和风险。信息透明度有助于建立信任，减少信息不对称带来的不确定性，增加公众对决策结果的认可度。

3.鼓励利益相关方的参与

除了公众，评价过程中还应该包括各方利益相关者的参与，如政府部门、专业机构、企业和非政府组织等。他们可以提供专业知识和经验，为评价过程提供更全面和准确的信息。这种多方参与有助于减少单一利益的偏见，确保决策更加全面和公正。

通过促进社会参与和信息透明，环境影响评价确保了决策的公正性和合法性。公众参与和信息共享避免了单方面利益的损害，增加了决策的可接受性和可持续性。公众的参与也提高了决策的质量，融入了更广泛的观点和利益考量，从而实现了更好的环境保护和社会福祉。

（五）改善决策质量

环境影响评价在改善决策质量方面发挥着重要作用。通过提供科学、客观的数据和信息，可以帮助决策者全面了解项目可能产生的环境影响和风险，从而做出合理的决策，最大限度地减少不可逆转的环境损害和资源浪费。

通过收集和分析各种环境数据和信息，评估项目对自然环境、社会经济和人类健康的潜在影响，能够提供一个综合的评估结果，将环境因素纳入决策过程中。

环境影响评价还考虑到多方利益的平衡。它通过综合考虑经济、社会和环境因素，帮助决策者权衡各种利益，找到最佳的平衡点。评价结果可以为决策者提供参考，使他们能够在项目规划和决策中全面考虑各方面的影响，并根据科学依据做出明智的选择。

环境影响评价强调风险管理和可持续发展原则。它通过识别项目可能带来的环境风险和潜在问题，提出相应的措施和建议，减少不可逆转的环境损害和资源浪费。评价结果可以帮助决策者制定风险管理策略和可持续发展目标，确保项目在实施过程中符合相关标准和要求。

三、环境影响评价的基本流程

环境影响评价的基本流程主要包括以下几个阶段。

（一）起始阶段

环境影响评价的起始阶段包括项目界定和可行性研究。项目发起人需要明确项目的范围和目标，他们将定义项目的具体内容、规模和所涉及的地理区域。这有助于明确环境影响评价的边界，并确定需要评估的环境因素。

项目发起人进行可行性研究，以评估项目的可行性。这包括对项目的技术、经济、社会和环境方面进行综合考虑。通过分析和评估各种因素，可以确定项目是否具备可行性，并决定是否需要进行环境影响评价。

在可行性研究中，项目发起人还将评估项目可能对环境造成的影响。这包括考虑项目可能引起的污染、生态系统破坏、资源消耗等情况。如果可行性研究表明项目可能对环境造成显著影响，那么环境影响评价就是必要的。

（二）确定评价范围

确定评价范围是环境影响评价的关键步骤。在这个阶段，评价机构与相关利益相关者合作，根据法律法规和相关指南，确定评价范围和重点关注的环境因素。这有助于确保评价过程全面、准确，并便于后续的数据收集和分析。

评价范围的确定通常包括以下几个方面。

1.项目的地理范围

评价机构需要确定评价的地理范围，即项目所涉及的区域范围。这可以是一个具体的地理区域、一座城市或一个特定的自然保护区等。

2.项目的时间范围

评价机构还需确定评价的时间范围,即评价应该覆盖的时间段。这可以是项目建设期间、运营期间以及可能发生的后期影响的时间范围。

3.涉及的环境组成部分

评价机构需要确定评价应该关注的环境组成部分,如土壤、水体、大气、生物多样性等。这有助于明确评价的重点和数据收集的方向。

4.可能产生的影响类型

评价机构还需确定可能产生的影响类型,如噪声、震动、污染物排放等。这有助于评价机构在后续的评价过程中针对性地收集相关数据并进行分析。

在确定评价范围时,评价机构应与利益相关者进行合作和沟通。他们可以邀请利益相关者参与讨论会议、提供意见和建议,以确保评价范围的全面性和准确性。这有助于增加评价的透明度和可信度,并提高评价结果的接受度。

(三)环境影响预测与评估

在环境影响评价的阶段,评价机构使用收集到的数据,通过一系列的分析和模型,对项目可能产生的环境影响进行预测和评估。这有助于决策者了解项目对自然环境、社会经济和人类健康的潜在影响程度,并为决策提供科学依据。

1.环境影响预测

评价机构使用收集到的数据,运用适当的分析方法和模型,预测项目可能对环境产生的影响。这涉及对空气质量、水体质量、土壤污染、噪声、生物多样性等方面的影响进行预测。预测的方法可以包括数学模型、统计分析、GIS(地理信息系统)等工具的应用。

2.环境影响评估

评价机构根据预测结果,对项目可能产生的环境影响进行评估。评估通常采用定性和定量两种方法。定性评估基于专家判断和经验,对影响进行描述和分类。定量评估则使用具体的数据和指标,对影响进行量化和衡量。评估的结果可以帮助决策者了解项目对环境的潜在影响程度,并为后续的决策提供参考。

3.技术和工具应用

评价机构在进行环境影响预测和评估时,可以利用各种技术和工具。这包括数学模型的建立和应用，如空气质量模型、水体质量模型等；GIS 的运用，用于空间数据分析和可视化。

通过环境影响预测与评估，评价机构能够定量和定性地描述项目可能产生的环境影响，并评估其潜在程度。这有助于决策者全面了解项目的环境风险和潜在问题，从而制定相应的管理和保护措施，减少负面影响并促进可持续发展。

（四）影响管理与控制

在环境影响评价完成后，评价机构将提出一系列的影响管理和控制措施，以减少或消除项目可能产生的负面影响。这些措施旨在保护环境、维护社会经济可持续发展，并确保项目在实施过程中符合相关法律法规和标准。

1.环境保护设施建设

评价机构可能建议项目方在必要时建设环境保护设施，以控制项目可能产生的环境影响。例如，建设废水处理厂、烟气脱硫装置、垃圾处理设施等。这些设施可以有效地减少污染物的排放，保护周边环境的质量。

2.管理计划制订

评价机构可以建议项目方制订详细的管理计划，以确保项目在实施过程中符合环境要求和标准。这包括建立监测系统、制定应急预案、培训员工等。通过有效的管理措施，可以提高项目的环境管理水平，减少负面影响的发生。

3.社会经济因素考虑

在提出影响管理和控制措施时，评价机构也需要考虑社会经济因素，并寻找最佳平衡点。他们会评估不同措施对经济发展、就业、社会稳定等方面的影响，并与利益相关者进行沟通和协商，以确保项目的可持续发展和社会接受度。

（五）评价报告编制与审查

评价报告是环境影响评价的重要成果之一。在这个阶段，评价机构将根据评估结果和控制措施，编写评价报告，以全面、准确地记录和呈现项目可能产生的环境影响及其管理控制措施。评价报告的编制通常包括以下 5 个步骤。

1.数据整理和分析

评价机构收集和整理前期收集的数据，并对其进行进一步分析。这包括对环境影响预测和评估结果的整合、对控制措施的综合评价等。通过数据整理和分析，评价机构能够形成一个全面的评价基础，为后续的报告编制提供支持。

2.报告结构设计

评价机构根据评估的内容和要求，设计评价报告的结构和框架。报告应该清晰明了，包含必要的章节和部分，如引言、项目描述、评估方法、评估结果、影响管理和控制措施、参考文献等。

3.编写报告内容

评价机构根据报告结构，逐步编写报告内容。他们会根据前期的数据分析和评估结果，详细描述项目可能产生的环境影响、评估方法和过程、控制措施的设计和可行性等。报告应该准确、客观地反映评价结果，并提供合理的论据和数据支持。

4.内部审查

编写完成后，评价机构将进行内部审查。他们会对报告进行仔细审查，确保报告的准确性、一致性和完整性。内部审查旨在发现潜在的错误、矛盾之处，并进行必要的修正和调整。

5.外部专家评审

经过内部审查后，评价机构通常会邀请外部专家对报告进行评审。这些专家具有相关领域的专业知识和经验，可以提供独立的意见和建议。外部专家评审有助于进一步验证评价结果的科学性和可靠性，并提出改进建议。

通过评价报告的编制和审查，评价机构能够确保报告的准确性、可靠性和可接受性。这有助于给决策者提供一个全面的评价结果和相应的控制措施，以便他们能够基于科学依据做出明智的决策来保护环境，促进可持续发展。

（六）公众参与与意见征询

评价机构会组织公众参与活动，向公众介绍评价结果和控制措施，并征求公众的意见和建议。公众的参与有助于增加决策的透明度和合法性，确保各方利益得到充分考虑。

1.信息公开

评价机构会通过适当的渠道和方式，向公众提供相关的评价信息，包括评估报告、控制措施、评估过程等。这可以通过公告、网站、社交媒体等途径进行，以确保公众能够了解项目可能产生的环境影响和相应的管理措施。

2.公开听证会

评价机构会组织公开听证会，邀请公众参与并表达意见和关切。这是一个公开的平台，公众可以提问、发表观点、提出建议等。评价机构会认真记录公众的意见，并在后续的决策过程中予以考虑。

3.意见征询

评价机构会向公众征求意见和建议，鼓励公众积极参与。可以通过在线调查、反馈表、邮件等方式收集公众的意见和建议。评价机构将认真考虑并综合各方观点，以确保公众的声音在决策过程中得到充分体现。

公众参与的重要性在于增加决策的透明度和合法性。通过公众参与，评价机构能够了解公众对项目环境影响的关切度，及时回应公众的疑虑和意见。这有助于提高决策的质量，确保项目在尊重公众利益、环境可持续发展的基础上得到有效实施。

第二节 公路桥梁施工环境影响评价指标体系

随着经济的快速发展和城市化进程的加快，公路桥梁的建设工程也在不断增加。为了合理评估和管理公路桥梁施工的环境影响，需要建立一套科学的评价指标体系，并提出适用于该领域的具体指标，为公路桥梁施工环境管理提供参考。

一、指标体系的构建原则

在构建公路桥梁施工环境影响评价指标体系时，应遵循以下原则。

（一）综合性原则

评价指标体系应综合考虑公路桥梁施工对环境的各个方面影响，包括噪声、空气质量、水质、土壤保护等因素。只有全面综合地评估这些影响，才能准确判断施工对环境的综合影响程度。

在公路桥梁施工过程中，不可避免地会产生一系列的环境影响。噪声污染，大型机械设备、施工车辆以及施工作业本身都会产生噪声，对周围居民和野生动物造成困扰和破坏；空气质量受到影响，施工活动会释放出大量的粉尘、颗粒物和有害气体，对空气质量造成污染；施工现场的排水和废水处理也会对水质产生一定的影响，如悬浮物、化学物质和重金属的排放可能导致水体富营养化和污染；土壤保护方面，施工过程中的挖掘、填筑和覆盖等活动可能引起土壤被侵蚀、破坏和污染，对土壤产生不良影响。

为了全面评估公路桥梁施工对环境的综合影响，需要建立一个包含多个方面指标的综合性评价指标体系。这个指标体系应该考虑到各种影响因素之间的相互关系和综合效应。例如，噪声和空气质量的影响是相互关联的，施工现场的扬尘可能会引起空气污染，而噪声也可能对空气质量产生一定的影响。同样，水质和土壤保护也存在着内在联系，废水排放可能导致土壤污染，进而对水质造成影响。因此，在构建评价指标体系时，应将这些因素进行适当的综合考虑，并确定其相对权重，以便更准确地评估施工对环境的整体影响。

综合性原则的实施需要从两个层面来考虑。一个层面是需要对不同因素的影响程度进行科学研究和分析，通过调查和监测数据获取相关指标值，并利用专业知识和技术手段来量化其影响程度；另一个层面是需要建立一个适当的评价模型或方法，将各个指标进行综合计算和分析，得出综合评价结果。常用的方法包括层次分析法（AHP）和加权叠加法等。

在评价指标体系的构建过程中，还应充分考虑不同地区、不同项目的特点和差异性。因为公路桥梁施工环境影响的程度和性质可能因地区和项目而异。因此，在应用指标体系时，需要根据具体情况进行适当调整和修订，以确保评价结果的准确性和可靠性。

（二）可操作性原则

评价指标体系应具有一定的可操作性，即可以通过实地调查和数据采集来获取相关指标值。指标的获取应简便、有效，并且能够客观地反映施工环境影响的实际情况。

在建立公路桥梁施工环境影响评价指标体系时，可操作性是一个重要的考虑因素。只有指标具备可操作性，才能保证评价工作的顺利进行，并为决策者提供准确、可靠的信息。以下是确保指标体系可操作性的几个关键要素。

1.指标选择的合理性

在指标体系的构建过程中，需要选择那些与施工环境影响密切的指标。这些指标应具备直观性和可测量性，以便能够通过实地调查和数据采集来获取相应的指标值。这些指标还应能够客观地反映施工对环境的实际影响程度。例如，在噪声指标方面，可以选择 A 声级、频谱特性和持续时间等指标，这些指标可以通过噪声监测仪器和分析软件进行测量和计算。

2.数据收集的可行性

为了获取相关指标的值，需要进行实地调查和数据采集工作。这就要求评价指标的数据收集方法简便、有效，并且能够得到准确可靠的数据。例如，在噪声指标方面，可以使用噪声监测仪器进行现场测量，或者参考已有的环境监测数据。在空气质量指标方面，可以利用空气质量监测站的数据，或者进行现场采样分析。

3.指标值的标准化和统一

为了保证不同地区、不同项目的可比较性，需要对指标值进行标准化和统一处理。这样可以避免由于不同的测量方法或单位而导致的误差和不确定性。标准化可以采用国家或行业标准，以确保评价结果的可靠性和可比较性。

4.数据处理和分析方法的科学性

在评价指标体系的应用过程中，需要采用科学合理的数据处理和分析方法。这些方法应基于统计学原理和专业知识，能够准确地反映指标值的含义和影响程度。常见的方法包括加权叠加法、层次分析法等，通过对各个指标进行加权和综合计算，得出综合评价结果。

可操作性原则的实施需要充分考虑实际可行性和技术可行性。在指标体系的设计和应用过程中，需要与相关专业人士和从业者进行密切合作，充分利用现有的调查方法和技术手段。只有确保指标具备可操作性，才能保证评价工作的顺利进行，并为公路桥梁施工环境管理提供准确、可靠的依据。

（三）可比较性原则

公路桥梁施工环境影响评价指标体系的可比较性是保证评价结果的科学性和准确性的重要因素之一。在实际应用中，不同项目和地区的公路桥梁施工环境影响可能存在一定的差异，如环境背景、地形地貌、气候条件等的差异。在构建评价指标体系时，需要充分考虑这些差异，并采取相应的措施来确保评价结果的可比较性。

1.指标选择的一致性

在不同项目和地区的公路桥梁施工环境影响评价中，需要选择具有一致性的指标。即选择那些能够反映施工环境影响的重要方面，并且具备普适性和通用性的指标。这样可以确保在不同的评价对象之间进行比较时，具有相同的基准和参考标准。

2.指标值的单位和量纲一致性

为了进行横向和纵向的比较分析，需要保证指标值的单位和量纲一致性。如果不同项目和地区使用不同的计量单位或量纲，就无法进行有效的比较。

3.统一的评价方法和标准

为了确保评价结果的可比性，需要采用统一的评价方法和标准。评价方法应基于科学原理和专业知识，并符合国家或行业的相关规定和标准。通过统一的评价方法和标准，可以确保在不同项目和地区进行评价时，具有相同的评价基准和参考标准。

可比较性原则的实施需要考虑不同项目和地区的特点和差异性。在评价指标体系的应用过程中，需要根据具体情况进行适当调整和修订，以确保评价结果的准确性和可靠性。同时，也需要与相关专业人士和从业者进行密切合作，共同研究和解决实际应用中的问题，促进经验交流和技术进步。

二、具体指标及其解释

（一）噪声指标

噪声是公路桥梁施工过程中产生的一种环境影响，对周围居民和生态环境都可能造成困扰和破坏。为了评估和管理噪声对环境的影响，我们可以使用以下 3 个重要的噪声指标。

1.A 声级（A-weighted Sound Level）

A 声级是用于衡量噪声大小的关键指标，用以描述噪声的声压级。它经过 A 频权滤波器加权处理，旨在模拟人类听觉对不同频率的敏感度。通过测量和记录 A 声级，我们能够客观地评估噪声的强度和大小。

在实际应用中，使用 A 声级可以有效地消除人类听觉系统对不同频率的响应差异。由于人耳对低频声音相对不敏感，而对高频声音较为敏感，通过 A 频权滤波器的加权处理，可以更准确地反映人类感知噪声的方式。

2.噪声频谱特性

噪声频谱特性包括频率分布、频谱形状等，用于描述噪声在不同频率上的能量分布情况。通过分析噪声的频谱特性，可以了解噪声在不同频段上的贡献程度，并帮助确定可能的噪声源和控制措施。常见的噪声频谱特性参数包括频谱图、频率分布曲线和频率加权系数等。

3.噪声持续时间

噪声持续时间是指噪声的持续时间长短，通常以小时为单位。它是评估噪声对周围环境的长期影响的重要指标之一。长时间、连续的噪声可能会导致居民的睡眠障碍、注意力不集中、心理压力增加等问题。因此，对噪声持续时间进行评估和监测，有助于判断噪声对居民和生态环境的潜在影响。

这些噪声指标可以通过现场测量、数据记录仪或传感器等设备来获取。专业人员可以使用噪声计或声级计进行测量，并根据采集到的数据进行分析和解释。还可以结合现场观察和问卷调查等方法，更全面地评估噪声对环境的影响程度。

（二）空气质量指标

1.PM2.5 浓度

PM2.5 是指直径小于等于 2.5 微米的细颗粒物，它们能够在空气中悬浮较长时间。这些颗粒物具有相对较大的表面积和吸附能力，易被人体吸入，并对人体健康产生负面影响。PM2.5 浓度是评价空气质量的重要指标之一。通过监测和记录 PM2.5 浓度，可以了解细颗粒物在空气中的水平，并评估其对人体健康和环境的潜在影响。

PM2.5 的来源多样化，包括工业排放、交通尾气、燃煤和木材燃烧等。由于其颗粒细小，PM2.5 能够深入呼吸道并进入肺部，可能引发呼吸系统疾病，如哮喘、支气管炎以及心血管疾病等。PM2.5 还与雾霾天气、能见度降低以及全球气候变化等问题密切相关。

通过监测 PM2.5 浓度，能够获得关于空气质量的实时数据，以便采取相应的措施来减少细颗粒物的排放和传播。这可能涉及改善工业生产过程、推广清洁能源、加强交通管理和提高室内空气质量等方面的努力。监测 PM2.5 浓度还有助于制定环境政策和规范，以保护公众健康和改善空气质量。

2.二氧化硫（SO_2）浓度

二氧化硫（SO_2）是一种在燃烧过程中产生的气体污染物，主要来源于煤炭、石油和天然气的燃烧以及工业生产过程。二氧化硫浓度是评估大气污染程度的重要指标之一。通过监测和记录二氧化硫的浓度，我们可以了解空气中二氧化硫的水平，并评估其对环境和人体健康的潜在影响。

二氧化硫的排放与工业活动和能源消耗密切相关。它不仅会导致酸雨的形成，还可能对植被、土壤和水体等环境组成部分造成损害。长期暴露在高浓度的二氧化硫环境中，也可能对人体健康产生负面影响，包括呼吸系统疾病、心血管疾病和免疫系统问题等。

3.氮氧化物（NOx）浓度

氮氧化物的浓度也是评估大气污染程度的重要指标之一。氮氧化物是燃烧过程中产生的一类气体污染物，包括一氧化氮（NO）和二氧化氮（NO_2）。它们主要来源于汽车尾气排放、工业生产以及燃煤等过程。

这些空气质量指标可以通过使用空气质量监测站或传感器等设备进行实时监测和采样分析来获取。专业人员可以根据监测数据进行分析和解释，以了解施工对空气质量的具体影响程度。

（三）水质指标

水质是公路桥梁施工过程中需要关注的重要环境影响之一。为了评估和管理施工对水质的影响，以下是 3 个重要的水质指标。

1.悬浮物浓度

悬浮物浓度是评估水体浑浊程度的重要指标，它指的是水中悬浮的固体颗粒，包括泥沙、颗粒物等。通过监测和记录水中悬浮物的浓度，我们能够客观地了解水体的清澈程度，并评估施工活动对水质的潜在影响。

高浓度的悬浮物会使水体变得浑浊不清，降低水的透明度，进而影响水生态系统的健康和可持续发展。这些悬浮物妨碍水中植物进行光合作用，导致水生生物缺氧、养分失衡等。悬浮物还可能对水中生物的呼吸器官造成机械性损伤，影响其生存和繁殖能力。

通过监测悬浮物浓度，可以了解水体中固体颗粒的含量，并及时采取措施来减少悬浮物的输入和扩散。监测悬浮物浓度还有助于制定水资源保护政策和标准，以促进水体环境的可持续利用和保护。

2.COD 浓度

COD（化学需氧量）是一种用于评估水体中有机物含量的指标，它表示水中有机物被氧化所需的化学药剂量。

高 COD 浓度通常表明水体受到有机污染物的影响大。有机污染物可以来自各种源头，包括工业废水、农业排放和城市生活污水等。这些有机物会消耗溶解氧，并在水中形成富营养化的环境，从而对水生态系统产生不利影响。

高 COD 浓度对水生态系统和人类健康都可能带来风险。它会导致水中溶解氧的消耗，造成水体缺氧的情况，影响水生生物的存活和繁衍；高 COD 浓度也可能促进藻类和细菌的过度生长，导致水体富营养化和蓝藻水华的发生，破坏水生态平衡；当受到高 COD 浓度污染的水体被用作饮用水源时，有机物的存在可能对人类健康产生潜在风险。

3.pH

pH 是用来评估水体酸碱程度的重要指标。它反映了水中氢离子（H+）的浓度，从而揭示了水体的酸碱性质。

不同的生物群落对 pH 具有不同的适应性，因此维持适宜的 pH 对于保护水生态系统的健康至关重要。如果水体的 pH 超出了生物所能承受的范围，将会对水生生物的生存和繁衍产生不利影响。

当水体的 pH 过低时，可能会对水生生物造成毒性作用。酸性环境会直接损害水生生物的呼吸系统、鱼类的鳃、藻类和浮游生物的细胞膜等，从而影响它们的正常生理功能。酸性环境还可能导致水体中溶解氧的减少，影响鱼类和其他水生生物的氧气摄取能力。

相反，当水体的 pH 过高时，也会对水生生物造成不利影响。高碱性环境可能导致水生生物的鳃和皮肤受损，使它们容易受到细菌和寄生虫的感染。碱性环境还会影响水生生物的酶活性和代谢过程，对其生长和繁殖能力产生负面影响。

（四）土壤保护指标

1.土壤侵蚀率

土壤侵蚀率是评估土壤因施工活动而发生的侵蚀程度的重要指标。施工过程中的挖掘、填筑和覆盖等活动可能破坏土壤结构，使其易受风蚀、水蚀等侵蚀作用。通过监测和记录土壤侵蚀率，可以客观地了解土壤侵蚀的程度，并评估施工活动对土壤保护的潜在影响。有效的土壤保护措施和管理方法可以减少土壤侵蚀，维护土壤的持久肥力和质量。

2.土壤有机质含量

土壤有机质是土壤中的一种重要组分，对土壤肥力和质量具有重要影响。土壤有机质含量是评价土壤肥力和质量的重要指标之一。施工活动可能导致土壤有机质的流失和破坏，从而降低土壤的肥力和质量。合理的土壤保护措施和管理方法可以维护土壤的肥力和质量，促进植物生长和生态系统的健康发展。

3.土壤重金属含量

土壤重金属是指土壤中含量较高的金属元素，如铅、镉、汞等。施工过程中的工业废弃物、建筑材料和化学品可能含有重金属元素，如果不妥善处理，就会导致土壤污染。适当的土壤保护措施和处理方法可以减少土壤重金属污染，保护土壤环境和生态系统的健康。

三、指标权重与评价方法

在具体应用中，需要对各个指标进行权重分配，并采用相应的评价方法进行综合评价。一种常用的方法是层次分析法（AHP），通过专家打分和层次结构分析来确定各指标的相对权重，并利用数值计算方法进行综合评价。以下是使用 AHP 方法进行指标权重和评价的示例步骤。

（一）确定判断矩阵

由专家根据各个指标的重要性，对每两个指标进行比较，给出相对重要性的判断。

判断矩阵中的元素可以使用 1～9 的尺度来表示，其中 1 表示两个指标具有相同的重要性，9 表示一个指标比另一个指标重要性高出很多。

（二）计算权重向量

将判断矩阵按照列归一化，得到归一化后的矩阵。

对归一化后的矩阵进行列求和，得到权重向量。

（三）一致性检验

计算特征根、最大特征值和一致性指标。

根据一致性指标和随机一致性比率表，判断判断矩阵的一致性程度。

（四）综合评价

将各个指标的权重与其对应的评价结果进行加权求和,得到综合评价结果。可以采用线性加权叠加法或者其他合适的数值计算方法进行加权求和。

通过 AHP 方法确定的权重和综合评价结果可以提供决策者参考,帮助他们更好地理解施工对环境的影响，并制定相应的管理和控制措施。

需要注意的是，在实际应用中，还可以考虑其他因素，如环境敏感性、施工活动的时序和规模等，来进一步完善指标体系和评价方法。

第三节　公路桥梁施工环境影响评价方法比较

一、基于指标法

公路桥梁的建设对环境会产生一定的影响，因此需要进行环境影响评价来衡量和评估这些影响。目前，公路桥梁施工环境影响评价方法有多种，其中基于指标法是一种常用的方法。

基于指标法是一种定性和定量相结合的方法，通过确定一系列环境影响指标，采集数据并进行评价分析，以评估公路桥梁施工对环境的影响程度。根据评价结果，可以制定相应的环境保护措施和管理方案。

（一）指标选择

在基于指标法中，指标的选择是非常重要的。合理选取适当的指标可以更准确地评估环境影响。常用的指标包括土壤侵蚀指数、水质污染指数、噪声水平等。不同的指标反映了不同的环境要素，如土壤、水体和空气等。

（二）数据采集和处理

在基于指标法中，需要对环境影响指标进行数据采集。这可以通过现场观测、实验室分析、问卷调查等方式进行。采集到的数据需要进行合理的处理和分析，以得出准确的评价结果。

（三）评价方法比较

在基于指标法中，常用的评价方法有权重法和层次分析法。权重法是根据各个指标的重要性赋予相应的权重，再根据权重计算总体评价结果。层次分析法则是通过构建层次结构，利用专家意见和判断进行多层次的评估和决策。

1.权重法

权重法简单直观，适用于评价指标之间关系相对简单的情况。但是，在确定权重时往往依赖于主观判断，可能存在一定的主观性。

2.层次分析法

层次分析法能够考虑到不同指标之间的相互关系，更加科学和客观。但是，该方法的实施较为复杂，需要进行多次的比较和判断，且对专家的经验和判断能力有一定要求。

（四）结果解释和应用

基于指标法的评价结果需要进行解释和应用。根据评价结果，可以对环境影响的程度进行分类，如轻微、中等和重大等。还可以制定相应的环境保护措施和管理方案，以减少和控制公路桥梁施工对环境的不良影响。

二、生态系统评价法

生态系统评价法是一种通过对生态系统结构、功能和服务等方面进行综合评估，来评价公路桥梁施工对生态系统的影响程度的方法。它强调了生态系统的整体性和复杂性，能够更全面地考虑生态系统的动态变化和相互关系。

（一）评价指标选择

在生态系统评价中，我们常用的评价指标有物种多样性、生境质量和生态系统功能等。这些指标可以全面地反映生态系统的健康状况和稳定性，以及公路桥梁施工对生态系统的直接和间接影响。

物种多样性反映了一个生态系统内物种的数量和种类的丰富程度。通过调查和监测生态系统中的物种组成和分布情况，可以了解生态系统的复杂性和稳定性。

生境质量指的是生态系统中各种生物的生存和繁衍所需的适宜环境条件。通过评估土壤质量、水质状况、气候条件等因素，可以判断该生境是否适合物种的生存和繁衍。

生态系统功能包括物质循环、能量流动、生物间关系等方面的活动和过程。通过评估生态系统功能的稳定性和完整性，可以了解生态系统是否能够维持正常的运行和生态平衡。公路桥梁施工可能会对生态系统的功能产生直接和间接的影响，如断裂生物迁徙路径、破坏食物链等。

（二）评价方法比较

在生态系统评价方法比较中，常用的评价方法有生态风险评估和生态系统服务评估。

1.生态风险评估

生态风险评估是一种评估和预测公路桥梁施工可能带来的生态风险的方法。它的主要目标是关注潜在的生态环境破坏和生物多样性丧失等影响，并能够提前发现和预防潜在的问题。

在进行生态风险评估时，需要对施工过程中可能对生态环境造成的直接和间接影响进行全面的分析。这包括了土地使用变化、水体污染、噪声和振动扰动等因素的考虑。通过对这些因素的评估，可以确定可能导致生态环境破坏的主要风险源。

在评估过程中，还需考虑到当地的生态系统特征和敏感性。不同地区的生态系统具有不同的特点和脆弱性，因此需要针对性地分析和评估可能对该地区生态系统造成的影响。

评估完潜在的风险源后，就需要采取相应的措施来减轻和避免生态风险。这可能涉及设计合适的保护措施，例如建立临时生态保护区、采用环境友好型施工技术等。还需要建立监测和管理机制，及时发现和应对可能出现的问题。

2.生态系统服务评估

生态系统服务评估是一种评估和定量化生态系统提供的各类服务的方法。在公路桥梁施工中，生态系统服务评估关注的是其对生态系统服务的影响，包括水源涵养、土壤保持、碳固定等方面的服务，通过评估可以更全面地了解生态系统的价值。

在进行生态系统服务评估时，需要明确各项生态系统服务的定义和范围，并建立适合的评估指标和方法。这些指标可以用来衡量生态系统服务的数量和质量，从而能够比较不同生态系统之间的差异以及施工前后的变化情况。

评估过程中，需要考虑到生态系统服务的时间和空间尺度。不同的生态系统服务可能在不同的时间和空间尺度上发挥作用，要有针对性地选择评估方法和数据来源，确保评估结果的准确性和可比性。

评估完生态系统服务后，可以进一步分析其对人类福祉的贡献。生态系统服务不仅对自然环境具有重要意义，还直接或间接地为人类提供各种经济、社会和文化上的利益。通过将这些利益纳入评估，可以更好地认识到生态系统对人类的重要价值。

最后，在评估结果的基础上，可以制定相应的管理策略和保护措施。例如，在公路桥梁施工中，可以采取合理的设计和工程措施，以最大限度地减少对生态系统服务的影响，并在施工结束后进行恢复和修复工作。

三、综合评价方法

综合评价方法是将多种评价方法相结合，综合考虑各种环境影响因素，能够提供更全面、准确的评价结果。

（一）灰色关联法

灰色关联法是一种基于灰色理论的评价方法，用于分析和评估各个因素之间的关联性。在公路桥梁施工环境影响评价中，可以将各个环境影响因素转化为灰色数列，并利用灰色关联度计算方法进行关联度计算。通过计算各个因素与综合评价结果之间的关联度，确定其权重，并得出综合评价结果。

灰色关联法的优点在于能够考虑不同因素之间的关联性，特别适用于处理不完全信息和缺乏数据的情况。传统的评价方法往往只能考虑到因素之间的线性关系，而灰色关联法可以充分考虑非线性关系，更加准确地反映各个因素对综合评价结果的贡献程度。这种方法还可以有效地解决多指标评价问题，提供一个较为客观、科学的评价手段。

灰色关联法也存在一些限制。该方法需要建立合理的关联函数来描述因素之间的关联关系，选择不合适的关联函数可能会导致评价结果的偏差。灰色关联法的计算过程相对复杂，需要对数据进行预处理和标准化，并进行多次计算才能得到最终的评价结果，这可能增加了评价的时间和成本。

（二）模糊综合评价法

模糊综合评价法是一种基于模糊数学的评价方法。在公路桥梁施工环境影响评价中，可以将各个环境影响因素转化为模糊数，并进行模糊运算和推理，从而得到综合评价结果。这种方法能够有效处理不确定性和模糊性问题，对于环境影响评价具有较好的适应性。

在使用模糊综合评价法进行公路桥梁施工环境影响评价时，需要将各个环境影响因素量化，并将其转化为模糊数。模糊数是介于 0 和 1 之间的数值，表示了某个事物的隶属度或可信度。通过模糊数的定义，可以将各个环境影响因素的程度进行描述，从而建立起模糊数学模型。

通过模糊运算和推理，可以对各个环境影响因素进行比较和组合。模糊运算包括模糊加、模糊减、模糊乘以及模糊除等操作，用于处理模糊数之间的关系。通过这些运算，可以获得各个环境影响因素的综合评价结果。

模糊综合评价法的优势在于能够处理不确定性和模糊性问题。在公路桥梁施工环境影响评价中，往往存在着许多难以准确量化的因素，如噪声、振动、粉尘等。通过使用模糊数学模型，可以将这些不确定因素转化为模糊数，进而进行模糊运算和推理，得到更为全面和客观的评价结果。

　　然而，模糊综合评价法也存在一些挑战。该方法需要建立合理的模糊数学模型，包括确定隶属函数和定义模糊关系等。这要求评价者具备一定的专业知识和经验，并对被评价对象有较为深入的了解。模糊综合评价法的计算过程相对复杂，需要进行大量的模糊运算和推理，消耗较多的时间和计算资源。

第四章 公路桥梁施工可持续发展策略与政策建议

第一节 公路桥梁施工的可持续发展理念

在公路桥梁施工过程中，往往会产生大量的资源消耗、环境污染和社会问题，严重影响了可持续发展目标的实现。因此，引入可持续发展理念成为公路桥梁施工的必然选择。

一、可持续发展理念的内涵

可持续发展理念是指既满足当代人的需要，又不对后代人满足其需要的能力构成危害的发展。在公路桥梁施工领域，可持续发展理念主要包括以下几个方面。

（一）经济可持续性

经济可持续性是公路桥梁施工中重要的方面，旨在满足项目需求的前提下，合理利用资源，降低成本，提高效益。为实现经济可持续性发展，可以采取以下措施。

1.科学规划和设计

科学规划和设计是实现经济可持续性发展的基础。在科学规划和设计中，需要进行全面的评估和研究。这包括对项目所处地区的地形、水文、地质、气候等因素进行详细调查和分析。通过对这些因素的评估，可以确定合适的桥梁类型，例如悬索桥、拱桥或梁桥，并确定最佳的尺寸和位置。这样可以在满足交通需求的同时，最大限度地减少土地占用和资源消耗。

在科学规划和设计中，需要考虑交通流量、地质条件和环境因素。交通流量是决定桥梁设计承载能力的重要因素，必须根据预计的车流量和荷载要求来确定桥梁的结构和材料。地质条件也对桥梁的稳定性和安全性有着重要影响，必须进行地质勘察和工程地质分析，并采取相应的设计措施。

在科学规划和设计中，需要制订合理的施工计划和时间表。根据项目的规模和复杂程度，制订详细的施工方案，并确定每个施工阶段的时间节点和工作量。这样可以有效地组织施工过程，确保项目按时完成并达到预期的质量要求。

2.资金配置与管理

合理的资金配置和管理对于实现经济可持续性发展至关重要。在资金配置方面，需要采取多元化的筹资方式。除了依靠政府拨款外，可以通过与银行合作获得贷款或者吸引民间投资进行公私合作。这样可以减轻单一资金来源的风险，确保项目有足够的资金支持，并提高资金的灵活运用程度。

在资金管理方面，应建立严格的机制和流程。要加强预算控制，制订详细的预算计划，明确项目各项支出的范围和限额；要进行成本监控，及时跟踪项目的实际支出情况，并与预算进行对比分析，发现并解决超支问题；还需要建立健全报销制度和审批程序，确保所有支出都符合规定，并进行合理的审计和核算。

还应加强资金使用效益的评估和监测。通过建立绩效评价体系，对项目进行定期评估，确保资金的使用符合经济可持续性的原则。同时，要关注资源的节约和合理利用，避免浪费现象的发生。

3.采用先进技术与设备

在施工技术方面，采用先进的自动化和智能化设备可以大幅提高施工效率。例如，可以利用全自动拼装机械臂来取代传统的人工进行搬运和组装工作，完成更快、更精确的操作。可以利用无人驾驶运输车在工地内部进行物料运输，减少人力成本，提高运输效率，并且避免了人员在危险环境下的工作风险。

引入信息化管理系统可以实现对项目进度、质量和成本的实时监控和调整。通过使用现代化的项目管理软件和技术，可以对施工过程进行全面监测和数据分析，及时发现并解决问题。同时，还可以优化资源配置，避免资源浪费和重复劳动，提高施工效率和质量。

还应积极推广先进的建筑材料和施工工艺。例如，使用环保型、高强度的建筑材料可以降低对资源的消耗，并减少对环境的污染。采用精细化的施工工艺，如模块化建造、预制构件等，可以减少施工时间和成本，并提高工程质量。

4.提升施工管理水平

在施工管理方面，需要建立科学、规范的施工管理体系。这包括制订详细的项目计划和进度安排，明确各项工作的责任和要求。同时，要建立健全质量管理体系，制定标准和流程，确保施工质量符合要求。安全管理也非常重要，应制定安全规章制度，加强施工现场的安全监督和控制，保障工人的生命安全和身体健康。

通过培训课程和培训计划，提高施工人员的专业素养和管理水平。培训内容可以涵盖施工技术、质量管理、安全管理、项目管理等方面的知识和技能。这样可以提高施工人员对施工规范的理解和遵守程度，减少错误和返工的发生，从而降低成本和提高效率。

还应加强沟通与协作，促进各个部门和团队之间的合作与配合。建立健全沟通机制，确保信息的及时传递和共享。加强团队协作，营造良好的工作氛围，激发员工的积极性和创造力。

5.推动创新与合作

鼓励研发和应用新材料、新工艺，如高性能混凝土、复合材料、模块化设计等，以提高桥梁的使用寿命和抗灾能力，降低维护和修复成本。高性能混凝土具有更高的强度和耐久性，可以延长桥梁的使用寿命，并减少维护保养的频次和成本；复合材料具有轻质、高强度和耐腐蚀等优点，可以降低结构重量并提高桥梁的抗震能力；模块化设计可以加快施工速度，降低施工成本，并增加桥梁的灵活性和可维护性。通过推广和应用这些新材料和新工艺，可以提高桥梁的质量和可靠性，降低维护和修复成本，实现经济可持续发展。

积极推动公私合作模式，吸引民间资本参与桥梁建设。公私合作可以有效分担风险和成本，提高项目的投资回报率。政府可以提供土地、政策和市场保障等支持，而民间资本可以提供资金、技术和运营管理经验等资源。通过公私合作，可以在建设和运营阶段实现利益共享，推动桥梁项目的可持续发展。

还应鼓励创新思维和跨领域合作。通过开展研究合作、产学研结合等方式，促进不同领域的专家和机构之间的合作与交流，激发创新能力和创造力，这有助于推动桥梁建设领域的技术创新和工程实践的进步。

（二）环境可持续性

环境可持续性要求公路桥梁施工过程中减少对环境的负面影响，保护生态系统，降低碳排放和能源消耗。在实践中，可以通过采用绿色建筑材料、推广节能环保技术、合理处理废弃物等方式来实现环境可持续性。

1.采用绿色建筑材料

传统的建筑材料如钢筋混凝土具有高能耗和高碳排放的特点。而绿色建筑材料如再生材料、木材等具有较低的能耗和碳足迹，且往往拥有更好的环境适应性。因此，在公路桥梁的设计和建设中，应优先考虑采用绿色建筑材料，以减少资源消耗和环境污染。

2.推广节能环保技术

在公路桥梁施工过程中，可以采用节能技术，如使用高效节能照明设备、应用太阳能光伏发电系统等，以减少能源消耗和碳排放。还可以采用雨水收集系统、生态景观设计等措施，以减少水资源的浪费和环境污染。通过推广这些节能环保技术，可以有效降低公路桥梁建设和运营阶段对环境的不良影响。

3.合理处理废弃物

在公路桥梁施工过程中，会产生大量的废弃物，如混凝土碎片、钢筋等。这些废弃物如果没有得到妥善处理，将会对环境造成严重污染。因此，应采取措施进行废弃物的分类、回收和再利用。例如，可以将废弃的混凝土进行破碎后再用于道路基础填料，或者将废弃的钢筋进行回收再利用。这样不仅可以减少资源消耗，还可以降低环境污染和固体废弃物的产生。

（三）社会可持续性

社会可持续性要求公路桥梁施工过程中兼顾社会利益,提高居民生活品质,保障劳动者权益，促进社会和谐稳定。

1.注重沟通与协调

在公路桥梁施工前期，应与相关部门、居民和社区进行广泛的沟通，了解他们的需求和关切，并与他们共同制订解决方案。通过开展社会影响评价和风险评估，识别和解决潜在的社会问题，减少不良影响。

2.尊重当地文化与习俗

在桥梁建设过程中，应尊重和保护当地的文化遗产和传统习俗。如果有必要进行文物保护或迁移，应经过专业评估和充分的社会讨论，确保保护措施得到有效执行。

3.关注职工安全与健康

施工期间，应严格遵守安全生产法律法规，制定详细的安全操作规程和应急预案，为施工人员提供必要的安全培训和个人防护装备，并确保施工现场的安全管理。同时，还应关注职工的身心健康，提供良好的工作环境和福利待遇，提升员工的满意度和工作积极性。

二、公路桥梁施工的可持续发展实践

（一）资源节约与循环利用

为了实现公路桥梁施工的可持续发展，资源节约与循环利用是至关重要的方面。在公路桥梁施工过程中，大量的土石方、水泥、钢材等资源被消耗，需要采取一系列措施来实现循环利用以减少资源消耗。

合理规划施工方案是实现资源节约的关键。通过优化设计和施工流程，可以减少土石方的开挖量和运输距离。例如，在规划时考虑桥梁的地形条件，合理确定桥墩和桥面的高度，避免不必要的土方开挖。同时，在施工过程中，合理组织运输路线，最大限度地减少运输距离和时间，降低对资源的消耗。

推广使用节能环保的建筑材料也是实现可持续发展的重要手段。传统的水泥、钢材等建筑材料在生产和使用过程中会产生大量的二氧化碳等温室气体排放，会对环境造成较大影响。因此，应积极推广使用高性能混凝土、再生骨料等新型建筑材料。高性能混凝土具有较高的强度和耐久性，可以减少使用量，降低对资源的依赖。再生骨料则是通过回收和再利用废弃的混凝土制成，既能减少资源消耗，又能减少废弃物的排放。

（二）绿色施工技术的应用

通过推广和应用绿色施工技术，可以减少碳排放、降低能耗、提高资源利用效率，从而实现公路桥梁施工的可持续发展。

引入新型建筑材料和工艺也是实现绿色施工的关键。新型建筑材料和工艺具有较低的环境影响和资源消耗。例如，可降解材料可以减少对非可再生资源的依赖，并在使用寿命结束后能够自然降解，减少废弃物的产生。光伏板的应用可以通过太阳能的转换实现电力供应，减少对传统能源的依赖。雨水收集系统可以收集雨水并进行处理后供给施工需要，减少对自来水等资源的消耗。引入这些新型建筑材料和工艺，不仅可以降低碳排放和能耗，还有助于保护环境和提高施工质量。

采用智能化监测与控制技术也是绿色施工的重要手段之一。智能化监测与控制技术可以实时监测施工过程中的各项指标，如温度、湿度、压力等，从而及时调整施工方案，提高施工效率和质量。例如，通过智能传感器监测混凝土的强度和硬化情况，可以准确判断施工的进度和质量，并及时调整施工参数。同时，智能化监测与控制技术还可以实现设备的远程监控和管理，减少人力资源的浪费和环境污染。

第二节　公路桥梁施工生命周期评价

公路桥梁的施工过程涉及大量资源的消耗和对环境的影响，因此需要进行全面的生命周期评价，以确保可持续发展。

一、生命周期评价定义

生命周期评价（Life Cycle Assessment，LCA）是一种系统分析方法，用于评估产品、服务或过程从获取原材料到废弃处理的整个生命周期中对环境和资源的影响。它考虑了产品或过程的所有阶段，包括原材料采集、加工、制造、使用和废弃处理等。通过生命周期评价，可以全面了解产品或过程在不同阶段对环境的负荷和资源利用情况，从而有针对性地提出改进措施，减少负面影响。

二、生命周期评价的步骤

公路桥梁施工生命周期评价包括以下步骤。

（一）目标和范围的界定

在评估施工过程中的能源消耗、物质流动、废弃物产生等方面的影响时，目标是全面了解施工活动对环境和可持续发展的影响，并提出相应的改进建议。同时也希望通过评估结果，促进施工行业的可持续发展，减少资源浪费和环境污染。

评估的范围主要包括以下几个方面。

1.能源消耗

分析施工过程中所使用的能源类型、消耗量以及能源的来源。通过评估能源消耗情况，可以确定节能潜力，并提出相应的节能措施，以降低能源消耗对环境的影响。

2.物质流动

研究施工过程中涉及的物质流动情况，包括原材料的采购、运输、使用和处理等环节。通过评估物质流动情况，可以识别出可能存在的资源浪费和环境风险，并提出优化建议，以实现资源的有效利用和循环利用。

3.废弃物产生

调查施工过程中产生的废弃物类型、数量和处理方式。通过评估废弃物产生情况，可以确定是否存在废弃物处理不当的问题，并提出减少废弃物产生和改善废弃物处理方式的建议，以降低对环境的负面影响。

（二）生命周期库存分析

通过收集和整理施工过程中所涉及的物质和能源的输入和输出数据，建立生命周期库存，可以全面了解施工活动对资源利用和环境影响的情况。

1.原材料采集

调查施工过程中所使用的原材料的采集情况，包括原材料的来源、采集方式和采集量等。这些数据可以帮助我们了解原材料采集对自然资源的消耗情况。

2.原材料加工

研究原材料在加工过程中的能源消耗和废弃物产生情况，包括加工所需的能源类型和消耗量，以及加工过程中产生的废弃物类型和处理方式等。这些数据可以帮助我们确定加工环节对能源和环境的影响程度。

3.运输

收集原材料和成品在运输过程中的能源消耗和排放情况，包括运输距离、运输方式以及运输所需的能源类型和消耗量等。这些数据可以评估运输环节对能源消耗和碳排放的贡献。

4.施工机械使用

研究施工过程中所使用的机械设备的能源消耗情况，包括机械设备的类型、数量以及使用时间等。这些数据可以确定施工机械对能源消耗的影响，并提出相应的优化建议。

通过收集和整理上述数据，可以建立施工过程的生命周期库存模型，全面了解物质和能源在不同环节的流动情况。也可以通过库存分析，识别出存在的问题和改进的空间，并提出相应的优化措施，以减少资源消耗并实现更加可持续的施工过程。

（三）解决方案的提出

根据施工过程的评价结果，可以识别出存在的问题，并提出相应的解决方案。

1.能源消耗问题

如果评估结果显示施工过程中能源消耗较高，可以考虑采用更高效的施工技术和设备，例如使用节能型机械设备、推广低碳建筑材料等。合理安排施工计划，减少不必要的能源浪费，也是降低能源消耗的有效措施。

2.温室气体排放问题

如果评估结果显示温室气体排放量较高，可以通过采用清洁能源供应、改善施工机械的燃烧效率等措施来降低温室气体的排放。加强碳排放监测和管理，推行碳中和政策，也是减少温室气体排放的重要途径。

3.水污染问题

如果评估结果显示水污染问题严重，可以优化施工现场的雨水收集和处理系统，减少对周边水体的污染。同时，加强废水处理设施的建设和运营，确保废水符合环境标准并安全排放。

除了以上列举的问题和解决方案，根据具体评估结果，还可以针对其他环境和资源影响因素提出相应的改进措施。例如，优化交通组织，减少噪声和振动的扰民程度；加强水资源管理，提高用水效率；保护自然景观，减少对生态系统的影响等。

（四）结果报告和沟通

将评价结果进行整理和报告，并与利益相关者进行沟通和交流，是确保评估成果得到有效应用的重要步骤。通过向决策者和公众传达评价结果，可以提高对可持续施工的认知。

在结果报告中，应明确评估的目标、所涉及的范围和研究方法，使读者了解评估的背景和依据；总结评估过程中发现的主要问题和对环境的影响，以及存在的潜在风险。这些发现应该以数据和指标为基础，客观地呈现评估结果，并根据评估结果，提出具体的解决方案。解决方案应该明确、可行，并与利益相关者的需求和期望相符。针对每个问题和解决方案，提出具体的推荐措施和实施建议。这些措施应该具有可操作性，包括时间表、责任分工和监测指标等。

在与利益相关者进行沟通和交流时，应注意根据受众的特点和需求，调整沟通方式和内容。例如，向决策者强调经济效益和可持续发展的利益；向公众传达环境保护和社会责任的重要性。使用易于理解的语言，避免专业术语和复杂的数据表达，确保评估结果能够被各方理解和接受；与利益相关者进行互动，鼓励他们提出问题、意见和建议。通过参与和共享信息，增加他们对评估结果的接受度和支持度；采用多种沟通渠道，如会议、报告、网站、社交媒体等，以确保评估结果能够广泛传播和共享。针对不同受众，选择适合的沟通渠道和形式。

通过结果报告和沟通交流，可以促进可持续施工的认知和行动。决策者可以根据评估结果制定相应政策和措施，推动可持续发展的实施。公众可以增加对施工行业环境影响的了解，提高对可持续施工的支持和参与度。同时，与利益相关者的沟通还可以促进合作和共同努力，共同推动施工行业向更加可持续的方向发展。

第三节　公路桥梁施工的碳排放减少策略

随着全球气候变化的日益严重，减少碳排放已经成为全球范围内的重要任务。公路桥梁作为基础设施建设的重要组成部分，其施工过程中产生的碳排放不可忽视。因此，需要制定一系列有效的策略来减少公路桥梁施工的碳排放。

一、材料选择与优化

（一）选用可再生材料

为了减少公路桥梁施工过程中的碳排放，一种有效的策略是选择使用可再生材料。这些材料能够自然更新或回收利用，具有较低的碳排放和环境影响。

1.竹木材料

竹木是一种快速生长的植物资源，其在公路桥梁施工中的应用可以显著降低碳排放。相比传统的钢筋混凝土结构，竹木结构具有许多优点。

（1）轻质高强度

相较于钢铁和混凝土等传统材料，竹木具备出色的抗压、抗拉强度，同时自重轻。在公路桥梁的结构应用中，使用竹木能够减少结构本身的重量，降低了运输和安装的成本和碳排放。

（2）可塑性和耐久性

竹木可通过切割、加工和连接等方式进行形状定制，适应不同桥梁设计的需求。竹木材料具备天然的防腐性能，能够抵御真菌和昆虫的侵害，并且对水分、温度和湿度变化的适应能力较强，可以延长桥梁的使用寿命，减少修复和维护的频率，从而降低碳排放。

（3）自然美观

竹木的纹理和颜色赋予了公路桥梁自然、温馨的感觉，能够与周围环境相融合，提升桥梁的可持续性。

2.生物复合材料

生物复合材料是一种利用可再生资源制造的复合材料，如植物纤维与树脂等。相对于传统材料，如钢铁和水泥，生物复合材料具有更低的碳排放和环境影响。

生物复合材料的制造过程中消耗的能源较少，相比于传统材料的生产工艺，生物复合材料的制造过程通常需要较低的温度和压力，从而减少了能源的使用量，降低了碳排放。

生物复合材料的原材料来自可再生资源，如植物纤维。这些植物纤维可以通过农作物或林业副产品等方式获得，相对来说更容易获取且不会过度依赖有限的自然资源。与使用非可再生材料相比，生物复合材料的生产过程中产生的碳排放较低。

生物复合材料在桥梁施工中具备良好的性能。它们具有轻质高强度、耐腐蚀、吸振等特点，能够满足公路桥梁结构的需求。同时，生物复合材料还具有良好的可塑性，能够通过不同的制造工艺进行定制，以适应各种桥梁设计。

3.推广可再生材料的使用

为了推广可再生材料的使用，需要采取以下措施。

（1）技术研发和创新

通过持续的科学研究和技术改进，提高可再生材料的性能和可靠性，使其更适用于公路桥梁施工。这包括改进制造工艺、优化材料配比、提高强度和耐久性等方面的创新。

（2）培训和教育

提供培训和教育机会，增强从业人员对可再生材料的认识和技能，提高他们在施工中的应用水平。这可以通过开展专门的培训课程、组织研讨会和技术交流活动来实现。同时，还可以鼓励学术界与行业合作，促进相关知识的传播和分享。

（3）建立供应链

建立可再生材料的供应链体系，确保材料的可靠供应和质量控制。这包括与供应商建立长期合作关系，制定严格的质量标准和监督机制，以及建立有效的物流和配送系统。通过建立稳定的供应链，可以降低可再生材料的使用障碍，促进其在公路桥梁施工中的广泛应用。

（二）优化混凝土配比

混凝土在公路桥梁施工中是一种常见的建筑材料，但其主要成分水泥的生产过程中会产生大量的二氧化碳。为了减少公路桥梁施工过程中的碳排放，可以通过优化混凝土配比来降低水泥用量，并采用高性能掺合料替代部分水泥。

1.减少水泥用量

（1）使用高效活性剂

使用高效活性剂能够增加混凝土的流动性和可塑性，从而减少所需的水泥用量。高效活性剂的使用可以使混凝土保持相同的强度，同时减少碳排放。

（2）优化水灰比

合理优化混凝土的水灰比，可以使混凝土达到所需的工作性能，从而减少水泥用量。过高的水灰比会导致混凝土强度下降，需要在保证强度的前提下尽量降低水灰比。

（3）掺合料的应用

应用适量的粉煤灰、矿渣等掺合料，替代部分水泥，减少碳排放。这些掺合料不仅具有减少环境影响的效果，还能改善混凝土的性能，提高其抗裂性和耐久性。

2.高性能掺合料的使用

（1）硅灰

硅灰是一种由石英和石膏经过高温煅烧得到的粉状物质，具有良好的活性和水化性能。在混凝土中加入适量的硅灰可以提高其强度和耐久性，同时降低碳排放。

（2）粉煤灰

粉煤灰是燃煤产生的煤粉燃烧残渣，它可以替代部分水泥，并且具有良好的活性和水化性能。粉煤灰在混凝土中的应用可以有效降低水泥用量，减少碳排放。

（3）矿渣粉

矿渣粉是冶金工业的副产品，在混凝土中应用矿渣粉可以提高其强度和耐久性，减少水泥用量，降低碳排放。

通过优化混凝土配比，减少水泥用量并采用高性能掺合料替代部分水泥，可以显著降低公路桥梁施工过程中的碳排放。优化配比还能改善混凝土的性能，提高其抗裂性和耐久性。

（三）推广绿色建筑材料

为了减少公路桥梁施工过程中的碳排放，推广绿色建筑材料的使用是一项重要的策略。绿色建筑材料在生产和使用过程中的碳排放相对较低，并且具有其他环境友好的特点。

1.钢铁

钢铁作为一种常用的建筑材料，在公路桥梁的结构中得到广泛应用。相对于传统的混凝土结构，钢铁在生产和施工过程中的碳排放更低，具有以下优点。

钢铁可以通过回收再利用来降低资源消耗。废旧钢材可以进行回收和再加工，用于制造新的钢铁材料。这样不仅能够减少对原始石料等资源的开采，还能够节约能源和减少碳排放。

钢铁具有强度高，耐久性和可塑性强等优点。相较于混凝土结构，钢铁结构可以承受更大的荷载，并且具备更好的抗震性能。钢材可以经过冷弯成型、切割和焊接等加工工艺，灵活性高，适应性强，能够满足各种复杂桥梁结构的设计需求。

钢铁在使用寿命结束后可以进行再循环利用。废旧钢材可以回收并重新熔炼，用于生产新的钢铁材料。这种循环利用的过程可以大大减少废弃物的产生，并减少对自然资源的依赖。

2.玻璃

玻璃是一种常见的绿色建筑材料，在公路桥梁中的应用具有许多环保和可持续性的优势。

玻璃具有良好的透光性，可以最大限度地利用自然光线，减少对人工照明的需求。通过在桥梁设计中合理布置玻璃窗户或采用透明玻璃幕墙，可以使室内获得更多的自然光，降低能源消耗，并提高使用者的舒适感受。

玻璃具有优异的隔热性能。通过选择具有较高隔热系数的玻璃，可以减少热量在室内外之间的传递，降低对空调系统的依赖。这不仅可以减少能源消耗，还能够降低碳排放。

玻璃具有耐候性和防火性能。它可以抵御紫外线、风雨和其他恶劣气候条件的侵蚀，延长使用寿命。而且，在发生火灾时，玻璃能够有效隔离火焰和烟雾，起到防火的作用。

最后，玻璃是一种可回收材料。废弃的玻璃可以进行回收再利用，用于生产新的玻璃制品。这种循环利用过程能够减少废弃物的产生，并节约了对原始材料的消耗。

3.其他绿色建筑材料

除了钢铁和玻璃，还有其他一些绿色建筑材料可以在公路桥梁施工中推广使用，包括再生骨料混凝土和天然石材。

再生骨料混凝土是利用废弃混凝土经过加工处理后再次应用的材料。通过将废弃混凝土碎片进行清洗、筛分和粉碎等处理，可以得到再生骨料。再生骨料与新鲜水泥和掺合料混合后形成混凝土。使用再生骨料混凝土可以减少对原始石料的开采，降低碳排放，同时有效利用废弃资源。再生骨料混凝土在强度和耐久性方面表现良好，并具备较高的抗裂性能，适用于公路桥梁的结构部件。

天然石材是一种可再生的建筑材料，其开采和加工过程中的碳排放相对较低。天然石材具有优美的外观和耐久性，适用于公路桥梁的装饰和护坡等方面。与人造材料相比，天然石材更具环境友好性，并且在使用寿命结束后可以进行回收和再利用。天然石材具有较高的抗风化和耐候性能，能够经受住恶劣的气候条件，延长公路桥梁的使用寿命。

二、能源利用与优化

（一）采用清洁能源

在公路桥梁施工中，采用清洁能源是减少碳排放的一项重要策略。通过替代传统的燃油发电机组，尽可能地采用太阳能、风能等清洁能源，可以显著降低施工过程中的碳排放。

1.太阳能

太阳能是一种广泛可利用的清洁能源，其在公路桥梁施工中的应用具有重要意义。

太阳能发电是太阳能在公路桥梁施工中的主要应用之一。通过安装太阳能光伏板，将太阳辐射转化为电能满足施工现场的电力需求。太阳能发电系统具有零排放和可再生的特点，不会产生污染物和温室气体，并且太阳能是取之不尽、用之不竭的资源。采用太阳能发电可以满足施工现场对电力的需求，同时降低对传统燃油发电机组的依赖，减少碳排放。

太阳能照明也是太阳能在公路桥梁施工中的常见应用之一。使用太阳能照明系统，将太阳能储存起来，满足施工现场的照明需求。这样可以避免使用传统的燃油或电网供电的照明设备，减少碳排放。太阳能照明系统通常包括太阳能电池板、蓄电池和 LED 灯具等组件，可以将白天收集到的太阳能储存起来，在夜间提供照明。

2.风能

风能是一种可再生的清洁能源，风力发电是风能在公路桥梁施工中的主要应用之一。通过利用风能发电机组，将风能转化为电能供给施工现场使用。风力发电具有零排放和可再生的特点，不会产生污染物和温室气体。采用风力发电可以有效减少碳排放，并为施工现场提供可靠的电力支持。

在公路桥梁施工现场，可以设置风力发电机组，例如风力涡轮机。当风吹过风力涡轮机的叶片时，叶片会旋转并带动发电机发电。这些发电设备可以直接连接施工现场的电网，或者通过储能设备进行电能储存，以满足施工现场对电力的需求。

3.其他清洁能源

除了太阳能和风能，还有其他一些清洁能源可以在公路桥梁施工中应用。

（1）水力发电

对于河流或水库附近的施工现场，可以考虑利用水力发电设备将水能转化为电能，满足施工现场的电力需求。水力发电是一种可再生的清洁能源，通过水轮机等装置将水流的动能转化为电能。

（2）生物质能

利用废弃的有机物质，如木材、农作物秸秆等，通过生物质能发电设备将其转化为电能。生物质能是一种可再生的清洁能源，通过燃烧或发酵等过程释放出的热能产生蒸汽驱动发电机组发电。这种方式不仅能减少废弃物，还能提供清洁的能源来源，并且可以有效减少碳排放。

（二）优化设备使用

在公路桥梁施工中，通过合理规划施工进度和优化设备使用，可以避免设备空转和闲置，最大限度地提高设备的利用率，从而减少不必要的碳排放。

1.施工进度规划

施工进度规划是优化设备使用的关键步骤。通过合理规划施工进度，可以最大限度地减少设备的闲置和能源浪费，提高设备的利用率。

（1）详细制订施工计划

根据项目要求和实际情况，制订出具体的施工时间表和任务安排。在制订计划时，需要考虑施工工序之间的依赖关系，合理安排施工顺序，避免出现过多的等待和停工情况。同时，也要对每个工序的时间进行合理估计，确保施工进度的合理性和可行性。

（2）根据实际情况进行调整和协调

在施工过程中，可能会出现一些意外情况或临时变更需求，需要及时进行调整和协调。例如，调整施工任务的顺序、增加人力资源、重新安排设备使用等。通过灵活应对变化，可以最大限度地避免不必要的停工和空闲时间，提高设备的利用率。

（3）合理安排工程人员和设备资源

根据工程量和任务需求，确保有足够的工程人员和设备资源参与施工。合理分配人力和设备，避免出现人力不足或设备闲置的情况。同时，根据实际需要，进行工程人员和设备的调度，确保施工进度的顺利推进。

（4）加强施工管理和监督

对施工计划进行有效的跟踪和控制，及时发现和解决可能影响进度的问题。通过引入项目管理工具和技术，提高施工进度规划的准确性和可行性。还应加强与相关方的沟通和协调，建立良好的合作关系，共同努力推动施工进度的顺利进行。

2.设备共享和租赁

设备共享和租赁是在公路桥梁施工中优化设备使用的一种有效方式。

设备共享是指与其他施工单位或企业进行合作，共同利用设备资源。通过设立设备共享平台或签订共享协议,不同的施工单位可以共享各自闲置的设备。这样可以最大限度地减少设备的闲置时间，提高设备的利用率。例如，在某个施工现场需要特定设备时，可以通过设备共享平台查询是否有其他施工单位闲置该设备，从而避免新购买设备。这种方式可以降低设备的购买和拥有成本，并减少对新设备生产的资源消耗和碳排放。

设备租赁是指根据实际需求，在需要时租借额外设备。在施工过程中，可能会出现一些特殊工序或临时增加的施工任务，需要额外的设备支持。通过设备租赁，可以灵活满足这些需求，避免因为设备不足而导致施工延误或低效。租借设备可以节约设备的购买和维护成本，同时也减少了新设备的生产和运输所带来的碳排放。

设备共享和租赁需要建立合作伙伴关系，并进行设备管理和维护。合作伙伴之间需要明确共享或租赁设备的条件和责任，确保设备的安全和有效利用。同时，要加强设备管理和维护工作，保持设备的良好状态，延长其使用寿命，并提高设备的可靠性和效率。

3.维护和保养

定期维护和保养设备是优化设备使用的重要措施。通过定期检查和维护，可以确保设备的高效运行，减少设备故障和能源浪费。

定期检查设备是维护和保养的关键。通过定期的检查，可以及时发现设备存在的问题和潜在的故障风险。例如，检查设备的工作状态、传动部件的磨损程度、润滑系统的正常运行等。通过及时发现问题，可以采取相应的修复措施，避免设备因故障而导致停工和能源浪费。

定期进行维护工作是确保设备高效运行的关键。维护工作包括设备的清洁、润滑和调整等。保持设备的清洁可以防止灰尘和污垢积聚，减少摩擦和能源损耗。定期进行设备的润滑工作，保证设备各个部件的正常运转，减少能源消耗和设备磨损。需要对设备进行必要的调整和校准，确保其性能和效率达到最佳状态。

为了对设备进行有效的维护和保养，需要建立相应的维护计划和记录。制订维护计划，明确每个设备的维护周期和内容，并根据实际情况进行调整。同时，建立设备维护记录，记录设备的维护情况和维护工作的执行情况。这样可以及时掌握设备的维护状况，发现和解决潜在问题。

除了定期维护和保养，设备操作人员也需要接受培训和教育，提高设备使用的技能和安全操作意识。操作人员应了解设备的正常运行要求和操作规程，并遵守相关安全操作指南。加强操作人员的技能培训，使其能够正确操作设备并及时发现设备异常情况，减少设备故障和能源浪费的风险。

三、施工管理与优化

（一）推广绿色施工理念

推广绿色施工理念是实现可持续发展的重要举措。通过加强绿色施工理念的宣传和培训，可以提高从业人员对环保施工的认知和意识，促进施工过程中的环保行为。

1.宣传绿色施工理念

宣传绿色施工理念是推广环保施工的第一步。通过多种渠道向从业人员传达绿色施工的重要性和价值，可以提高他们对环保施工的认知和意识。

强调环境保护意识是宣传绿色施工的核心内容之一。通过向从业人员展示施工活动对环境产生的影响，引导他们树立环保意识。让他们认识到每个人都应该为环境保护负责，并意识到自己在施工中能够采取的环保措施。

介绍和推广使用绿色技术和材料也是宣传绿色施工的重要内容。通过培训课程、会议和论坛等方式，向从业人员介绍最新的绿色施工技术和环保材料。例如，介绍节能设备的使用方法、低碳混凝土的特点以及环保涂料的应用效果等。这样可以增加从业人员对绿色技术和材料的认知和了解，激发他们采用这些技术和材料的积极性。

解释碳排放的概念和影响，以及如何通过绿色施工实践减少碳排放也是重要的宣传内容。通过向从业人员展示碳排放对气候变化和环境以及人体健康的影响，引起他们对碳减排的重视。同时，介绍采用绿色施工技术和材料如何有效降低碳排放的案例，激发从业人员在施工中采取相应措施的积极性。

最后，提倡垃圾分类和合理处理废弃物也是宣传绿色施工的重要内容。通过教育和宣传，让从业人员了解垃圾分类的重要性，并明确正确的分类方法。同时，引导他们采取合适的废弃物处理方式，如回收利用、再生利用或安全处置等。这样可以减少对环境的污染，促进可持续发展。

2.培训从业人员

培训从业人员是推广绿色施工理念的重要环节。通过开展培训课程和工作坊，可以提高从业人员的专业技能和环保意识，使他们能够在实际施工中应用绿色施工原则。

培训课程可以涵盖绿色施工技术的教授。这包括介绍和演示使用绿色施工技术和设备的方法和操作。例如，培训从业人员使用节能设备，有效利用可再生能源，以及采用低碳混凝土等绿色材料进行施工。通过这样的培训，从业人员可以学习到具体的操作技巧和最佳实践方法，从而提高施工效率和资源利用率。

培训课程还应关注节能与碳减排。通过讲解节能减排的重要性和影响，培养从业人员的节能意识。培训内容可以包括如何在施工过程中减少能源消耗和碳排放的方法。例如，通过合理规划施工进度、优化设备使用、采用节能灯具和照明系统等措施来降低能源消耗和碳排放。这样的培训将帮助从业人员了解节能技术和措施，并在实际施工中应用这些方法。

（二）优化施工流程

在公路桥梁施工中，通过合理规划施工顺序和施工路径，可以减少材料运输距离和时间，降低碳排放。

1.施工顺序规划

在制定施工顺序时，需要根据施工任务的特点和条件，考虑诸多因素，以避免不必要的材料运输和设备调动，提高施工效率和质量。

基于工程结构的复杂程度和依赖关系，我们可以采取逐步分阶段的施工方式。这意味着我们应该先进行基础工程的施工，确保基础的稳固和安全，然后再进行上部结构的施工。通过这种有序的施工，可以有效减少材料运输的次数和距离，降低能源消耗和碳排放。按照施工阶段的优先级进行施工，可以确保施工的顺利进行。

根据施工现场的情况和资源分配，我们可以考虑优化材料的存储和使用。合理规划材料的存放位置，使其尽可能靠近施工区域，减少材料运输的时间和成本。同时，精细管理材料的使用，避免浪费和过剩，提高资源利用效率。

考虑到设备的调动和使用，我们可以制订合理的设备利用计划。通过提前规划设备的使用时间和位置，避免设备之间的冲突和重复调动，提高设备利用率和施工效率。同时，合理安排设备的维护和保养，确保设备处于良好的工作状态，减少因设备故障而导致的施工延误。

在施工顺序规划中，还应考虑工人的安全和舒适度。合理安排施工任务的顺序和时间，避免连续性较强的体力劳动，防止工人疲劳和意外事故的发生。同时，加强现场管理，提供必要的安全设施和培训，确保工人的安全和健康。

2.施工路径优化

优化施工路径也是降低碳排放的重要措施。通过选择合适的施工路径，可以减少材料和设备的运输距离和时间。优化施工路径可以从以下几个方面考虑。

（1）最短路径选择

选择最短的施工路径，减少运输距离和时间。通过合理规划施工区域的布局，使各个施工点之间的距离尽量缩短，减少材料和设备的运输成本和碳排放。

（2）避开拥堵区域

避免选择经常拥堵的道路和交通繁忙的时间段作为施工路径。通过合理规划施工时间和路线，避免施工车辆因为交通拥堵而停滞，减少能源浪费和碳排放。

（3）利用现有道路和设施

充分利用已有的道路和设施，减少新建临时道路的需求。通过合理安排施工点和进出口位置，使施工车辆可以顺利进入和离开施工现场，减少对周边环境的干扰和碳排放。

3.材料管理与供应链优化

通过合理规划材料的采购和供应，减少运输的距离和次数，降低能源消耗和碳排放。具体措施包括以下方面。

（1）本地材料优先

优先选择使用本地可获得的材料，减少远程运输的需求。这样可以降低材料的运输成本和碳排放。

（2）供应链优化

与供应商建立良好的合作关系，通过提前计划和协调，确保材料的及时供应。避免由于供应链不畅造成施工中断和紧急运输，减少能源浪费和碳排放。

（3）材料回收和再利用

在施工过程中，尽可能回收和再利用废弃材料。例如，通过分类处理废弃混凝土，将其再次用于其他工程，减少新材料的采购需求。

四、监测与评估

（一）碳排放监测系统

为了降低碳排放量，保护环境和可持续发展，建立一个公路桥梁施工碳排放监测系统至关重要。该系统可以实时监测施工过程中的碳排放情况，并根据监测结果及时采取措施进行调整和优化。

建立碳排放监测系统需要安装合适的传感器和仪器设备，以实时收集和监测施工现场的关键参数。这些参数包括施工机械设备的燃料消耗量、运输车辆的油耗和行驶里程、材料运输的距离和方式等。通过这些数据的记录和分析，可以准确计算出每个阶段和整个施工过程的碳排放量。

在监测系统中引入数据处理和分析软件，对收集到的数据进行处理和分析。利用这些软件，可以对不同施工工序和区域的碳排放进行比较和评估。同时，将监测结果与预定的环境标准和碳减排目标进行对比，及时发现超标情况并采取相应的调整措施。

建立碳排放监测系统需要建立一个集中管理平台，实现数据的集中存储和共享。这样可以方便相关部门和人员随时查看和监控施工过程中的碳排放情况。同时，该平台还可以提供数据分析和报告生成功能，为决策者提供科学依据和参考。

建立碳排放监测系统还需要制定相应的管理规范和操作流程。明确监测责任人和操作人员的职责和权限，确保监测数据的准确性和可靠性。并定期组织培训和演练，提高监测人员的技术水平和应急处置能力。

最后，建立碳排放监测系统需要与相关部门和机构进行合作，共同推进碳排放监测工作的开展。与环保部门合作，了解和遵守相关的环境保护法律法规；与科研机构合作，借助其技术和经验支持；与企业和供应商合作，促使其采取低碳技术和措施。

（二）碳排放评估标准

公路桥梁施工碳排放评估标准的制定是为了对施工过程中的碳排放进行定量评估，从而为后续的改进提供科学依据。这样可以帮助我们更好地了解碳排放情况，实施有效管理，推动低碳施工的实施。

公路桥梁施工碳排放评估标准应包括适用范围、评估对象和评估方法等方面的内容。适用范围明确了评估标准所涉及的施工工序、区域和时间段。评估对象指明了需要评估的具体施工项目或阶段。评估方法包括数据采集、计算模型和结果分析等，以实现对碳排放量的准确评估。

公路桥梁施工碳排放评估标准应基于国家和地区的环境保护法规和政策要求，结合行业实际情况进行制定。标准应考虑到不同工程类型和规模的差异，兼顾施工工序和设备特点，确保评估结果的科学性和可比性。

公路桥梁施工碳排放评估标准需要确定碳排放计量单位和计算方法。计量单位可以选择碳排放总量、碳排放强度或碳排放因子等。计算方法应基于准确的数据采集和监测，包括施工机械设备的燃料消耗量、运输车辆的油耗和行驶里程、材料运输的距离和方式等。通过合理的计算方法，可以准确计算出每个阶段和整个施工过程的碳排放量。

公路桥梁施工碳排放评估标准还应考虑到不同阶段的碳减排潜力和可行性。在评估结果的基础上，可以制定相应的碳减排目标和措施，如优化施工顺序、推广低碳技术和材料、提高设备利用率等。同时，标准还应提供评估结果的解读和使用指南，为相关决策者和管理人员提供科学参考。

最后，公路桥梁施工碳排放评估标准需要进行定期修订和更新，以适应环境保护和低碳发展的要求。随着科技进步和经验积累，评估标准应及时更新，采纳最新的技术和方法，提高评估的准确性和可靠性。

第四节　政府政策支持和推动可持续发展的建议

为了促进公路桥梁施工行业的可持续发展，政府应该制定相应的政策支持和推动措施，以实现经济效益、环境友好和社会责任的统一。

一、建立健全法律法规和标准体系

为了推动公路桥梁施工行业向可持续发展方向迈进，政府应该建立健全法律法规和标准体系，明确行业的规范要求，促进行业的规范化、标准化和可持续发展。

（一）制定公路桥梁施工管理法律法规

1.明确施工企业的资质要求和从业人员的资质要求

政府应制定相关法律法规，明确公路桥梁施工企业的资质要求，包括技术实力、经济实力、信誉记录等方面的评估标准。同时，明确从业人员的资质要求，例如需要持有相关职业资格证书或经过专业培训合格方可从事相关工作。

2.规范施工合同的签订和执行

政府应制定法律法规，明确公路桥梁施工合同的相关规定，包括合同的签订、履约和变更等方面。明确合同中的责任、义务和权利，保障双方的合法权益，并设立相应的争议解决机制，确保合同的有效执行。

3.强化环境保护要求

政府应制定法律法规，明确公路桥梁施工过程中的环境保护要求。例如，规定施工现场的环境保护措施，要求施工企业进行环境影响评价，并在施工过程中采取有效的措施减少污染物排放和生态破坏。应规定相关执法机构的职责和权力，加强对环境保护的监督和执法。

4.加强安全生产管理

政府应制定法律法规，明确公路桥梁施工中的安全生产要求。规定施工企业必须建立健全安全生产管理体系，明确责任分工，加强事故预防和应急处理能力，提升施工现场的安全防护水平。同时，规定从业人员必须接受安全培训和持证上岗，确保施工过程中的安全。

5.设立行业监管部门和执法机构

政府应设立专门的行业监管部门，负责公路桥梁施工管理的监督和协调工作。该部门应有相应的执法权力，可以对施工企业和从业人员进行监督检查，发现问题及时处理，并依法对违规行为进行处罚。还应建立与其他相关部门的协调机制，形成合力推动施工行业的规范化和可持续发展。

6.加强宣传和教育

政府应加强对公路桥梁施工管理法律法规的宣传和教育，提高企业和从业人员的法律意识和规范意识。通过开展培训、宣传活动等方式，提高行业参与者对法律法规的了解和遵守程度，促进行业的规范发展。

（二）规范施工技术和质量标准

1.制定桥梁设计、施工和验收的相关标准

政府应制定桥梁设计、施工和验收方面的技术标准，明确各项要求和指导原则。例如，规定桥梁设计的相关参数和计算方法，确保结构安全稳定；规定施工过程中的工艺和方法，确保施工质量和进度；规定验收程序和标准，确保桥梁符合设计要求和使用安全。

2.规范各种材料和构件的规格和质量要求

例如，规定钢材、混凝土、沥青等材料的性能指标和使用要求；规定各种构件（如梁、柱、墩）的制作和安装要求；规定防腐、防水等涂料和材料的选用和施工方法。

3.加强施工现场的质量管理和监督

政府应加强对施工现场的质量管理和监督力度，确保施工过程中的技术和质量要求得到有效执行。例如，加强对施工企业的资质审核，确保施工单位具备相应的技术实力；加强对施工现场的检查和监督，发现问题及时整改；建立档案管理制度，记录施工过程中的关键节点和质量控制措施。

4.提升从业人员的专业水平和技能要求

政府应加强对公路桥梁施工从业人员的培训和考核，提升其专业水平和技能要求。例如，建立职业培训体系，制定相关的课程和培训标准；推动行业认证制度，鼓励从业人员参加相关的职业资格考试；加强对施工人员的日常管理，促进他们的自律和技能的提高。

（三）加强安全生产和职业健康管理法规

1.制定安全管理法规和标准

政府应制定相关的安全管理法规和标准，明确公路桥梁施工现场的安全管理要求。例如，规定施工企业必须建立健全安全管理体系，明确责任分工，制定施工方案和安全操作规程，确保施工过程中的安全防护措施得到有效执行。

2.强化事故预防和应急处理要求

政府应规定施工过程中的事故预防和应急处理要求。例如，规定施工企业必须进行安全风险评估，采取相应的预防措施；明确事故报告和调查程序，要求及时报告并进行事故调查；规定施工现场必须配备必要的应急设施和人员，提升应对突发事件的能力。

3.确保从业人员的职业健康

政府应规定从业人员在公路桥梁施工中的职业健康管理要求。例如，规定施工企业必须组织从业人员进行职业健康检查，确保其身体状况符合施工要求；推动施工企业开展职业健康教育和培训，提高从业人员的安全意识和自我保护能力。

4.提供培训和技术支持

政府应加强对公路桥梁施工行业的培训和技术支持，提升从业人员的安全意识和技能水平。通过组织安全生产和职业健康方面的培训课程，提供相关的技术支持和指导，帮助施工企业和从业人员更好地理解和应用安全管理和职业健康要求。

5.建立安全文化和奖惩机制

政府应鼓励施工企业建立良好的安全文化，加强对从业人员的安全教育和培训，促进安全意识的形成。同时，建立安全奖惩机制，对安全生产成绩突出的企业和个人给予表彰和奖励，对违规行为和事故责任严重的企业和个人进行处罚和追责，提高安全管理的积极性和责任感。

（四）鼓励行业组织参与标准制定

1.设立专门的标准委员会或工作组

政府可以设立专门的标准委员会或工作组，由行业内的专家、学者、企业代表等组成。该委员会或工作组负责公路桥梁施工行业的标准制定和修订工作，并与相关部门和机构进行协调合作。

2.参与国家标准的制定和修订

行业组织应积极参与国家标准的制定和修订工作，将行业的需求和实际情况充分考虑进去。通过与相关专业机构和研究机构合作，共同制定和修订与公路桥梁施工相关的技术标准、质量标准、安全标准等。

3.支持行业标准的研究和推广

政府可以提供资金和政策支持，鼓励行业组织开展行业标准的研究和推广工作。行业组织可以组织专家进行相关研究，制定行业标准并推广应用。政府可以通过奖励措施、宣传推广等方式，促进行业标准的落地和实施。

4.加强与国际标准的对接

行业组织应加强与国际标准组织的交流与合作，了解国际上先进的标准和技术要求。在制定和修订行业标准时，要充分考虑国际标准的相关要求，提高行业标准的国际化水平，促进公路桥梁施工行业与国际接轨。

5.推动标准的创新和升级

政府可以鼓励行业组织开展标准的创新和升级工作，引导行业在施工技术、材料选用、质量管理等方面进行改进和优化。通过推动标准的创新和升级，可以促进公路桥梁施工行业向更高水平发展。

二、提升工人保障权益

公路桥梁施工行业是一个劳动密集型的行业，工人是施工过程中最重要的一环。为了促进可持续发展，政府应该关注工人的权益保障问题，通过制定相关政策和措施，提高工人的职业素质和生活水平。

（一）完善工人保障制度

1.建立健全工资支付制度

政府应规范公路桥梁施工企业的工资支付制度，确保工人的工资按时足额发放。建立工资支付的监管机制，加强对工资支付情况的监督和检查，对拖欠工资行为进行严肃处理。同时，建立劳动合同制度，明确工资支付的义务和责任，保障工人的合法权益。

2.加强工伤保险和社会保险制度建设

政府应加强对公路桥梁施工工人的工伤保险和社会保险制度建设。推动施工企业依法参加工伤保险和社会保险，为工人提供基本医疗保险、养老保险、失业保险等保障。加强保险监管，确保工人的缴费和权益得到有效保护。

3.完善工人权益保护机制

政府应建立健全工人权益保护机制，加强对违法用工、剥削劳工等不良行为的打击力度。加强劳动监察和执法，严厉打击拖欠工资、非法扣押护照等侵害工人权益的违法行为。建立投诉举报渠道，鼓励工人及时反映自身遭遇的问题，并对其进行保密和保护。

4.加强工资支付和社会保险的监督检查

政府应加强对公路桥梁施工企业工资支付和社会保险参保情况的监督检查。建立定期检查和不定期抽查制度，对工资支付和社会保险参保情况进行核查，及时发现和纠正问题。对违法违规行为进行严肃处罚，确保工人的权益得到有效保护。

（二）加强防护措施

1.落实安全防护责任

政府应推动施工企业落实安全防护责任制，明确各级管理人员和工人的安全责任。施工企业应制定详细的安全管理制度和操作规程，明确安全防护的要求和措施，并向工人进行明确的安全防护指导。

2.提供必要的个人防护装备和设施

政府应要求施工企业提供必要的个人防护装备和设施，确保工人在施工现场有充足的保护措施。例如，提供头盔、安全鞋、护目镜、耳塞、防护手套等个人防护装备，提供安全网、防护栏杆、警示标识等设施，减少工人在施工现场的安全风险。

3.加强现场安全监管

政府应加强对公路桥梁施工现场的安全监管力度，确保施工企业按照规定落实安全防护措施。加大现场巡查和检查频率，发现问题及时整改。建立健全事故报告和调查制度，加强对事故原因和责任的追究，提高施工企业的安全意识和管理水平。

4.加强事故预防措施

政府应要求施工企业加强事故预防措施，建立完善的安全管理体系。推动施工企业进行安全风险评估和安全计划编制，明确各项工作任务和安全措施，提前预防和消除施工过程中的安全隐患。

第五章　公路桥梁施工的社会影响

第一节　施工对周边居民生活的影响

一、交通阻塞

（一）施工期间道路封闭

在公路桥梁施工过程中，为了确保施工的安全和效率，往往需要封闭部分道路或完全关闭交通要道。这将导致周边居民的通行受到限制，增加他们的通勤时间和交通成本。

为了减少公路桥梁施工给周边居民带来的交通阻塞问题，施工单位应采取一系列措施。

解决方案：

1.提前告知居民

施工单位应提前向周边居民发布施工计划，并清楚标明封闭道路的时间和地点。这样居民可以提前了解到施工信息，调整自己的出行计划。例如，他们可以选择其他道路或改变出行时间，以避开施工期间的道路封闭区域。同时，居民也可以根据施工计划合理安排自己的工作、学习和生活事务，以便更好地适应交通阻塞带来的影响。

与此同时，施工单位还应积极与居民进行沟通和合作。他们可以通过多种渠道向居民传达施工计划和进展情况，如社区公告栏、手机短信、网络平台等。这样居民可以及时了解到最新的施工信息，做好相应的准备。在施工期间，施工单位应保持与居民的良好沟通，及时回应他们的关注和问题，增加透明度和互动性。

2.设置合理的绕行路线

施工单位可以与交通部门协商，制定合理的绕行路线。在确定绕行路线时，应考虑到周边道路的容量和交通状况，确保居民能够便捷地绕过施工区域。

一方面，施工单位可以借助交通部门的专业知识和经验，共同规划最佳的绕行路线。他们可以根据道路网络的情况、交通流量以及施工区域的位置，选择最合适的替代路线。这样可以避免将大量交通流量引导到狭窄的道路或容易拥堵的区域，从而有效减少交通阻塞的发生。

另一方面，在绕行路线上，施工单位应设置清晰的临时交通标志和指示牌，引导居民正确行驶。这些标志和指示牌应包括明确的指示箭头、施工信息和距离提示等，以帮助居民快速找到绕行路线，并保持行车顺畅。同时，施工单位还应确保这些标志和指示牌的可视性和持久性，以避免居民因为信息不清晰或缺失而导致的迷路或混乱。

除了设置标志和指示牌，施工单位还可以在社区公告栏、网站、公众号等平台上发布详细的绕行路线图和文字说明，使居民能够提前了解到最新的交通信息。

3.优化交通管制措施

施工单位应采取合理的交通管制措施。

（1）指挥交通

施工单位可以安排专人指挥交通，特别是在交通流量较大或复杂的路段附近。这些交通指挥员可以根据实时交通情况，灵活地调整交通流向，确保道路畅通。他们可以配备相关的设备，如哨子、喇叭等，以有效引导车辆和行人。

（2）增加交警数量

施工单位可以与交警部门协调，增派交警人员到施工区域附近。交警可以负责交通疏导、维护交通秩序和处理突发交通事件，确保道路畅通。增加交警数量有助于提高交通管制的效果，并减少交通阻塞的发生。

（3）信号灯配时调整

施工单位可以与交通管理部门合作，对周边道路的信号灯进行合理的配时调整。根据实际情况，可以延长或缩短红绿灯的时间，以确保交通流畅。合理配时的信号灯可以减少车辆等待时间，缓解拥堵情况。

（4）临时交通标志和路障

在施工区域附近，施工单位应设置清晰可见的临时交通标志和路障，以引导车辆绕行或注意施工区域。这些标志和路障应具备足够的反光性能，以便在夜间或恶劣天气条件下也能清晰可见。

（二）交通拥堵对生活的影响

交通阻塞往往会导致交通拥堵，给周边居民带来诸多问题。长时间处于交通堵塞中，不仅会增加通勤时间，还可能造成心理压力、情绪不稳定等问题。

解决方案：

1.合理规划施工时间

（1）避开高峰期

施工单位应尽量避免在交通高峰期进行施工。他们可以通过分析交通数据和研究交通流量情况，选择在交通较为疏散的时段进行施工。这样可以减少施工期间的交通阻塞情况。

（2）错时施工

如果无法避开高峰期，施工单位可以采取错时施工的方式。即将施工时间分为不同的时段，分批次进行施工。例如，可以选择在非工作日进行施工，以减少对白天交通流量的影响。这样可以缓解交通拥堵，减少对居民出行的干扰。

2.鼓励使用公共交通工具

（1）宣传推广

施工单位可以加大对公共交通工具的宣传力度，在社区、公告栏等渠道发布相关信息。他们可以介绍公共交通线路、班次和票价等，让居民了解到公共交通的便利性和优势。

（2）优惠措施

为了鼓励居民选择公共交通出行，施工单位可以提供相应的优惠措施。例如，他们可以与公共交通部门合作，推出施工期间的临时乘车优惠，如打折或赠送公交卡余额等。这将提供经济激励，吸引更多居民选择公共交通工具。

（3）增加运力和频次

施工单位可以与公共交通部门协调，增加施工期间公共交通工具的运力和班次频率。这样可以确保公共交通服务能够满足居民的需求，减少拥挤和等待时间，提高公共交通的可用性和便利性。

二、生活质量下降

在施工过程中，可能会出现尘土、垃圾等问题，给居民的日常生活带来不便和困扰。

（一）灰尘和空气污染

公路桥梁施工过程中，会产生大量的尘土和颗粒物，给周边居民的生活环境带来灰尘和空气污染问题。这些灰尘可能会进入居民的家庭和工作场所，影响室内空气质量，还可能沉积在衣物、家具和器具上，增加清洁工作的负担。

解决方案：

1.湿式作业

为了减少公路桥梁施工对周边居民生活质量的影响，施工单位可以采用湿式作业方式来控制尘土产生和扩散。

（1）喷水降尘

施工单位可以在施工现场进行喷水操作，将水雾喷洒到施工区域，以降低尘土的产生和扩散。喷水能够使尘埃颗粒湿润并固定在地面上，减少空气中的颗粒物浓度。

（2）洒水车辆

可以配备专门的洒水车辆，在施工过程中定期进行道路、施工区域和堆放材料区域的洒水作业。通过增加地面湿度，可以有效减少尘土的飞扬和扩散。

2.粉尘防护措施

（1）设置防尘网

施工单位可以在施工现场周围设置防尘网，以阻止粉尘扩散到周边居民区。防尘网应具备足够的密度和高度，能够有效截留和过滤空气中的粉尘颗粒。

（2）定期清理道路和公共区域

施工单位应定期清理施工现场周边的道路和公共区域，以减少尘土对居民生活环境的影响。这可以通过机械清扫、洒水冲洗等方式进行，确保道路和公共区域的清洁。

（3）尘埃监测与控制

施工单位可以设置尘埃监测设备，实时监测施工现场和周边环境的粉尘浓度。如果发现粉尘浓度超过一定限制，应采取相应的控制措施，如增加喷水频率、加强防尘网的覆盖等。

（4）教育与宣传

施工单位可以开展居民教育和宣传活动，提高居民对粉尘防护措施的认识和理解。通过向居民传达施工情况和措施，鼓励他们支持和配合粉尘防护工作，共同减少粉尘对生活环境的影响。

（二）施工现场影响

公路桥梁施工现场可能会对周边居民的生活环境产生影响，如临时设施、垃圾堆放和施工车辆等，可能会对居民的舒适度和环境质量造成不利影响。

解决方案：

1.垃圾清理

施工单位应定期清理施工现场的垃圾、杂物和废弃物。这包括施工过程中产生的建筑材料废料、包装物、工具设备等。清理工作应按照规定的时间频率进行，确保施工现场的整洁和卫生。

2.废弃物处理

施工单位应合规处理施工过程中产生的废弃物。根据相关法规和规定，废弃物应分类、存储和处置。例如，可回收废弃物应与其他垃圾分开收集，有害废弃物应交由专业机构进行处理。

三、安全风险

在施工期间，可能会出现高空作业等情况，这些都可能给居民的人身安全和财产安全带来威胁。

（一）高空作业风险

在公路桥梁施工中，可能涉及高空作业，如悬索吊装、钢梁安装等。这些作业存在高空坠落、物体掉落等安全风险，如果不妥善控制，可能会对周边居民的人身安全带来严重威胁。

解决方案：

1.安全防护设施

为了确保公路桥梁施工过程中的安全性，施工单位应设置必要的安全防护设施，以防止人员或物体从高空坠落。

（1）安全网

在进行高空作业时，施工单位应设置安全网。安全网可以捕捉和阻挡从高处坠落的人员或物体，减轻坠落造成的伤害。安全网应具备足够的强度和稳定性，能够承受坠落冲击并确保人员的安全。

（2）安全围栏

施工现场周边应设置安全围栏，限制未经授权人员进入危险区域。安全围栏应牢固可靠，能够有效地隔离施工区域，防止居民或其他人员误入危险区域。

（3）安全标识和警示牌

施工单位应设置明显的安全标识和警示牌，提醒人们注意危险区域和施工现场的特殊情况。这包括高空作业、物体掉落等警示信息，帮助人们保持警觉并采取相应的安全措施。

（4）安全绳索和安全带

在高空作业中，施工人员应佩戴安全绳索和安全带。这可以为施工人员提供附着点，防止意外坠落，并确保其在高处作业时有足够的稳定性和安全保护。

（5）定期检查和维护

施工单位应定期检查和维护安全防护设施，确保其正常运行和安全可靠。如果发现任何损坏或故障，应及时修复或更换，以保持设施的有效性和可靠性。

2.建立安全管理制度

为了确保公路桥梁施工期间的安全性，施工单位应建立完善的安全管理制度。这将有助于明确高空作业的操作规程和安全要求，并确保施工人员接受相关培训和持证上岗。

（1）安全管理制度

施工单位应编制并实施安全管理制度，包括高空作业的规范和要求。该制度应明确施工人员的职责和义务，阐述高空作业的安全程序和步骤，确保施工过程中的安全可控。

（2）操作规程

施工单位应制定高空作业的操作规程，详细描述从准备工作到作业完成的各个环节和要求。这包括设备检查、使用方法、紧急情况的处理等，确保施工人员在高空作业中能够按照规程进行操作。

（3）培训与持证上岗

施工单位应组织相关培训，确保施工人员掌握高空作业的技能和安全知识。同时，根据法律法规的要求，施工人员需要通过相关考试并获得相应的持证资格，才能从事高空作业。

（二）防止盗窃和破坏

公路桥梁施工现场可能成为不法分子盗窃、破坏的目标，给周边居民的财产安全带来潜在威胁。材料和设备的损失可能导致施工延误和额外费用。

解决方案：

1.加强安全巡逻

为了确保公路桥梁施工期间的安全性，施工单位应加强对施工现场的安全巡逻工作。这将有助于及时发现和处理异常情况，确保施工现场的安全。

（1）巡逻人员

施工单位可以增派专门的安全巡逻人员，负责定期巡视施工现场，特别是高风险区域。巡逻人员应熟悉施工计划和安全规程，能够快速发现并报告任何安全隐患或违规行为。

（2）巡逻路线

施工单位应制定合理的巡逻路线，覆盖整个施工现场和周边区域。巡逻路线应包括关键区域、交通要道、材料堆放区等，以确保全面的巡视范围。

（3）巡逻频率

施工单位应根据实际情况确定巡逻的频率。在施工高峰期或重要工序进行时，巡逻频率可适当增加，以保证对施工现场的实时监控。

（4）异常情况处理

巡逻人员应配备必要的通讯设备，如对讲机或手机，以便及时与施工现场的相关人员进行沟通。一旦发现安全隐患、违规行为或突发事件，巡逻人员应立即采取必要的措施，如报警、组织人员撤离等。

2.安全监控系统

施工单位还可以考虑安装安全监控系统，如摄像头和报警系统，对施工现场进行实时监控和警示。

（1）摄像头监控

施工单位可以在施工现场关键区域安装摄像头，进行实时监控。摄像头的位置和数量应根据实际需要进行合理布置，以覆盖整个施工现场。监控视频可以通过网络传输到指定的监控中心或相关人员的设备上，以便随时观察。

（2）报警系统

施工单位可以设置报警系统，如入侵检测器、烟雾探测器等，以及配套的声光报警设备。当有异常情况发生时，例如火灾、闯入者等，报警系统能够自动触发报警信号，并提醒相关人员采取紧急措施。

（3）远程监控

施工单位可以配置远程监控系统，使相关人员能够通过手机、平板电脑或计算机等设备远程查看施工现场的监控画面。这样，即使不在现场，相关人员也能及时获取施工现场的信息，并及时采取必要的措施。

（4）安全警示标识

在施工现场周边和关键位置设置安全警示标识，提醒相关人员注意施工区域的特殊情况和安全风险。这包括高空作业、电力设备、易燃物品等警示信息，帮助人们保持警觉并采取相应的安全措施。

第二节 施工对就业和经济发展的影响

一、公路桥梁施工对就业的影响

公路桥梁施工是基础设施建设中不可或缺的一环,对就业产生了广泛而深远的影响。

（一）就业机会的增加

公路桥梁施工对就业的影响主要表现在就业机会的增加。公路桥梁施工需要大量的人力资源,涉及多个职业领域,包括工程师、技术人员、施工人员、机械操作工等。因此,公路桥梁施工将直接创造大量的就业机会,为社会提供了丰富的就业渠道。

1.工程师和技术人员

在公路桥梁施工过程中,需要大量的工程师和技术人员参与规划、设计和监督工作。他们负责整个项目的技术方案制订、施工流程安排以及质量控制等工作。这些专业人才的需求将会促进相关专业人员的就业机会,并提高其就业稳定性和收入水平。

2.施工人员

公路桥梁施工还需要大量的施工人员,包括砌筑工、焊工、泥水工等。他们负责具体的施工任务,如浇筑混凝土、安装钢筋、铺设沥青等。这些工种的需求将直接创造大量的就业机会,特别是对于技术含量相对较低的劳动力群体来说,公路桥梁施工提供了稳定的就业机会和收入来源。

3.机械操作工

公路桥梁施工还需要大量的机械操作工,如挖掘机操作员、起重机司机等。随着公路桥梁施工技术的不断发展和机械化程度的提高,对机械操作工的需求也越来越大。这为相关从业人员提供了更多的就业机会和职业发展空间。

无论是在城市还是农村,公路桥梁施工都可以提供稳定的就业机会,帮助解决就业压力和贫困问题。特别是在一些欠发达地区或农村地区,公路桥梁施工往往成为当地重要的经济支柱,会创造大量的就业机会,提高当地居民的收入水平和生活质量。

（二）技能培训和职业发展

公路桥梁施工对技能培训和职业发展有着重要的影响。作为一个技术密集型的行业，公路桥梁施工需要工程师、技术人员、施工人员等具备一定专业知识和技能的劳动者。在施工过程中，相关企业和机构将加强对技术人才的培训和提升，以适应不断变化的市场需求。

公路桥梁施工促进了技术人才的培养和技术水平的提升。在施工项目中，涉及设计、规划、材料选用、施工工艺等多个方面的技术要求。为了满足这些要求，相关企业和机构加大对技术人才的培训力度，提高其专业知识和技能水平。通过参与公路桥梁施工，技术人才可以接触到实际工程项目，积累实践经验，提高解决问题的能力和创新能力。这对于他们的个人发展和职业晋升具有积极的影响。

公路桥梁施工推动了相关行业的技术进步和创新。随着公路桥梁施工技术的不断发展，需要掌握先进的工程设计软件、施工设备和材料等。相关企业和机构要投入大量资源进行技术研发和创新，例如，新型建筑材料、智能化施工设备以及先进的测量和监测技术等都在公路桥梁施工中得到了广泛应用。这种技术进步不仅提高了施工效率和质量，还为相关行业提供了技术支持和合作机会。

公路桥梁施工为劳动者提供了更多的职业发展机会。在公路桥梁施工过程中，劳动者可以通过参与各个阶段的工作，逐渐积累经验并提升自身的技能水平。同时，公路桥梁施工也涉及管理和协调等方面的工作，为有志于从事项目管理、团队领导或技术专家等职业发展的人才提供了机会。通过公路桥梁施工的参与，劳动者可以不断拓展自己的职业领域，并实现个人的职业规划和成长。

（三）劳动力的流动和转移

公路桥梁施工对劳动力的流动和转移产生了重要影响。由于公路桥梁施工需要大量的劳动力，这促进了人口的流动和转移。

一方面公路桥梁施工在各地吸纳了大量的工人，特别是在农村地区和欠发达地区。这种流动带来了就业机会，改善了当地劳动力市场状况，解决了部分地区的就业压力。同时，施工企业为工人提供了稳定的工作机会和相对较高的收入水平，吸引了大量劳动力加入公路桥梁施工行业。

另一方面工人也会主动迁徙到施工现场，以寻求更好的工作机会。公路桥梁施工往往集中在城市周边或交通不便的地区，而这些地区往往缺乏就业机会。因此，许多工人愿意离开自己的家乡，前往施工现场寻求更好的就业机会。这种劳动力的流动和转移有助于优化就业结构，提高劳动力的流动性和灵活性。同时，工人的迁徙也为他们提供了更多选择就业地点和就业形式的机会。

公路桥梁施工还带动了相关行业和服务业的发展，进一步促进了劳动力的流动和转移。例如，随着公路桥梁施工的进行，周边地区的住宿、餐饮、交通等服务业也得到了发展。这些服务业的发展吸引了更多的劳动力迁入，提供了更多的就业机会。因此，公路桥梁施工不仅直接创造了就业机会，还通过带动相关行业和服务业的发展，间接增加了其他就业机会。

二、公路桥梁施工对经济发展的影响

公路桥梁施工作为基础设施建设的重要组成部分，对经济发展具有深远的影响。

（一）基础设施建设的推动

1.物流成本降低

公路桥梁的建设能有效降低物流成本。公路桥梁可以改善交通状况，缩短城市间的距离，使物资和商品能够更加顺畅地流通。通过畅通的公路桥梁网络，货物可以更快速地运输到目的地，从而减少了运输时间和成本，提高了物流效率。

这种物流成本的降低将直接影响商品价格，使其更具竞争力。同时，降低物流成本还可以增加企业的利润空间，促进产业链的升级与扩大。通过公路桥梁的建设，企业可以更加便捷地与供应商和客户进行物流配送，实现更高效的生产和销售活动。

2.市场规模扩大

将原本相对孤立的市场连接起来，实现了地区之间商品、服务和人员的自由流通。通过公路桥梁带来的便利交通，不同地区的企业可以更容易地进入其他市场，开拓新的销售渠道。这促使跨地区的贸易活动增加，带来更多商机。

同时，公路桥梁也方便了消费者的移动，使得他们能够更方便地到达其他地区进行购物和消费，从而推动市场的繁荣和扩张。

随着市场规模的扩大，企业将面临更多的销售机会，获得更大的市场份额，从而增加企业的收入和利润。市场规模的扩大还会吸引更多的投资和资源流入，进一步推动经济的发展。

3.区域经济融合

通过构建跨越河流、山脉等自然障碍的公路桥梁，不同地区之间的联系得以加强，打破了地理上的壁垒。这促使资源在区域间更加顺畅地共享和流动，促进了优势互补的发展模式。

公路桥梁的建设提供了便捷的交通连接，使得各地区的企业可以更方便地进行合作和交流。资源的跨区域调配变得更加容易，企业可以充分利用周边地区的资源和市场优势，实现优势互补。例如，一个地区可能拥有丰富的自然资源，而另一个地区则具备先进的生产技术，通过公路桥梁的连通，这些地区可以相互合作，共同发展相关产业，提高整体竞争力。

公路桥梁的建设促进了人员的流动和交流，加强了区域间的人才互动。人才是推动经济发展的重要因素，公路桥梁的畅通使得人员可以更便捷地在不同地区之间工作和生活。这有助于优秀人才的跨区域流动，促进知识和经验的交流与共享，提高整个区域的创新能力和竞争力。

公路桥梁的建设带动了周边地区的经济增长。当一个地区通过公路桥梁与其他地区相连时，其发展活力将扩散到周边地区。例如，公路桥梁连接了一个经济中心城市和周边农村地区，农村地区的农产品可以更便捷地运往城市销售，从而提高农民的收入水平。同时，城市的需求也会带动周边地区的产业发展，形成良性循环。

（二）投资带动效应

公路桥梁施工对经济发展的投资带动效应是显著的。

1.建材行业的发展

公路桥梁建设需要大量的建筑材料，如钢铁、水泥、沥青等，这将刺激建材行业的需求增长。

公路桥梁的建设将促进相关建材企业的生产和销售。大量的钢材被用于桥梁结构的建设，水泥被用于混凝土路面和桥墩的建造，沥青则被用于路面铺设。对这些建材的需求增加将推动建材企业的产能扩张和生产规模的提升，为建材行业带来了发展机遇。

建材行业的发展将带动原材料供应链、制造业和物流业的增长。为满足公路桥梁建设的需求，原材料供应链需要增加采购和供应能力，如铁矿石、石灰石等。同时，建材的生产需要涉及机械设备、生产线以及包装和运输等环节，这将带动机械制造业和物流业的发展。

公路桥梁建设的推动还将吸引更多的投资进入建材行业，促进技术创新和产业升级。为了满足公路桥梁建设的需求，建材企业需要不断提高产品质量、节能环保性能和施工效率。这将推动技术创新和研发投入，并带来更多的投资机会。

2.机械设备制造业的发展

公路桥梁建设需要大量的工程机械设备，如挖掘机、起重机、压路机等，这将为机械设备制造业带来订单增加和市场扩大的机会。

公路桥梁项目的不断推进将为机械设备制造业提供长期稳定的需求。随着公路桥梁的规模扩大和数量增加，对工程机械设备的需求也将随之增加。机械设备制造企业将迎来更多的订单和销售机会，提高产能利用率，增加生产和销售规模。

公路桥梁施工的推动将促使机械设备制造企业加大研发投入，提升产品质量和技术水平。为满足公路桥梁施工的要求，机械设备制造企业需要不断创新，推出更高效、更安全、更环保的设备。这将促进技术进步和创新，并提升企业在市场竞争中的竞争力。

公路桥梁施工的推动还将为机械设备制造业拓展国内外市场提供机会。随着公路桥梁项目的扩大和国际合作的增加，国内机械设备制造企业将有更多机会参与海外项目。这将带动企业扩大生产规模、拓展国际市场，并促进相关行业的国际竞争力。

（三）地方经济的拉动

1.经济收入的增加

公路桥梁施工过程中，涉及土地征用、劳动力雇佣、设备租赁等多个环节，这些都将为当地带来经济收入。土地征用可以为当地政府和农民带来土地使用权出让费和补偿款；劳动力雇佣可以为工人提供工资收入；设备租赁则为设备租赁企业带来租金收入。这些经济收入的增加将直接推动地方经济的发展，并带动相关产业链的升级与扩大。

2.农产品流通的改善

公路桥梁的建成将改善农村地区的交通条件，便利农产品的流通。原本由于交通不便，农产品往往难以及时运输到城市和其他地区进行销售，造成价格下降和浪费。而公路桥梁的修建将缩短农产品运输时间和距离，减少物流成本，使农产品更快捷地运输到目的地。这将提高农产品的市场竞争力，增加农民的收入，并推动农村经济的发展。

第三节　施工对社会参与和沟通的影响

一、公路桥梁施工对社会参与的影响

（一）技能水平的提升

参与公路桥梁施工的工作人员需要具备相应的专业知识和技能。他们通过参与施工项目，不仅可以获得实际操作的机会，还能学习相关专业知识和技术，提升自身的技能水平。这对工人们来说是一个重要的机遇，能够帮助他们在职业道路上取得长远发展。

在施工现场，工人们将亲身参与各种工程任务，如基础施工、结构搭建、设备安装等。通过实际操作，他们能够熟悉并掌握施工工艺和操作方法。这种实践经验的积累对于提升工人的技能水平非常重要，使他们能够更好地适应不同的施工环境和任务需求。

公路桥梁的建设涉及多个领域，如土木工程、结构设计、材料科学等。参与施工的工人们有机会接触到这些专业领域，并从中学习和积累知识。例如，他们可以了解不同材料的特性和使用方法，掌握先进的施工技术和工具的应用。这些专业知识的学习有助于提高工人们的综合素质，使他们在施工过程中能够更加熟练和高效地完成任务。

随着科技的发展，公路桥梁施工也在不断创新和改进。工人们有机会接触到最新的施工技术和设备，学习并应用于实践中。例如，自动化施工设备、无人机巡检等新技术的应用，将大大提高施工效率和安全性。通过与这些先进技术和设备的接触，工人们能够不断更新自己的知识和技能，保持与时俱进。

（二）社会参与意识的增强

公路桥梁施工涉及居民、商户等社会成员的利益，他们应当有权参与到施工决策和管理中来。通过加强社会参与意识，可以提高社会对公路桥梁施工的认可度和支持度，减少纠纷的发生，增强项目的可持续性。

1.公平公正的决策过程

在公路桥梁施工的前期规划和决策阶段，应该广泛征求社会各界的意见和建议。例如，可以组织公开听证会或座谈会，邀请居民、商户、专家学者等参与，并充分倾听他们的声音和关切。这样可以确保决策过程透明公正，避免出现不合理或偏袒特定利益的情况。

2.可行性和可持续性

施工过程中，居民和商户是直接受影响的群体，他们了解自己所面临的问题和需求。通过积极参与和表达意见，可以帮助项目方更好地了解社区的实际情况，从而制定出更为科学和合理的施工方案。社会参与也有助于发现和解决问题，减少纠纷的发生，提高项目的可持续性。

3.认可度和支持度

通过透明的沟通和信息公开，可以让居民和商户了解到项目的重要性、进展情况以及可能带来的影响。他们有机会表达自己的观点和需求，参与到问题解决的过程中。这样可以增强公众的信任感和满意度，减少不必要的争议和抵制，为项目的顺利进行提供良好的社会环境。

4.理解和支持

通过组织开放日、参观活动等形式，向公众介绍公路桥梁施工的相关知识和技术，让他们了解施工对社会经济发展和人民出行的重要作用。这样可以增加公众对该行业的认同感，鼓励更多人投身到公路桥梁施工行业，推动行业的发展和进步。

（三）社区建设的改善

公路桥梁施工往往需要占用一定的土地资源,对周边社区产生一定的影响。通过合理规划和设计，公路桥梁施工也可以为社区带来一些积极变化，改善社区的建设和居民的生活质量。

1.改善社区的基础设施

在桥梁施工过程中，相关配套设施和道路网络往往会得到改善和完善。例如，为了适应桥梁的通行需求，可能需要扩建或改造道路，增加交通容量和流畅度。这将提高社区内部的交通便利性，缓解交通拥堵问题，方便居民出行。

2.促进社区环境的改善

在施工过程中，可以进行环境治理和美化工作。例如，在桥梁施工完毕后，可以进行绿化、景观美化等工作，提升周边环境的品质。还可以加强环境保护措施，减少施工对自然环境的影响，保护生态系统的稳定性。这将为居民提供一个更加宜居的生活环境，提升社区的整体形象和品质。

3.公共设施和服务的改善

在施工完毕后，可以根据社区需求建设相关的公共设施，如休闲公园、步行道、自行车道等。这些设施不仅为居民提供了休闲娱乐的场所，也促进了社区居民之间的交流和互动。还可以提供更多的公共服务，如医疗、教育、文化等方面的服务，提升了社区居民的生活质量和幸福感。

4.带动社区经济的发展

随着施工的进行，往往需要购买大量的材料和设备，这将刺激相关产业的发展。例如，当地的建筑材料供应商、装备租赁公司、餐饮企业等都会因为桥梁施工的需求而得到一定程度的发展。这将为社区带来更多的就业机会和经济增长点，从而促进社区的繁荣和发展。

二、公路桥梁施工对沟通的影响

（一）沟通信息的重要性

在公路桥梁施工过程中，不同参与方之间的沟通至关重要。政府、施工单位、监理机构、居民等各方必须进行密切的合作和互相协调，以确保施工项目能够按计划进行。沟通内容可以涵盖施工进度、安全事项、环境保护等，只有通过有效的沟通，才能确保施工过程的顺利进行。

1.协调项目各方的行动

在公路桥梁施工过程中，协调项目各方的行动是非常重要的。政府、施工单位、监理机构等各方需要及时进行沟通和协商，就施工进度、工作计划、资源需求等进行充分了解，并做出合理的决策和调整，以确保项目的顺利推进。

政府负责项目的规划、审批、监管等工作，需要与施工单位、监理机构等各方进行沟通和协调。政府可以提供有关法律法规、政策支持等方面的信息，为项目提供必要的指导和支持。

施工单位是实际执行者，负责具体的施工工作。施工单位需要与政府、监理机构等各方进行紧密合作，及时向相关部门报告施工进展情况、遇到的问题和需求。施工单位还需要与设计师、供应商等合作，确保施工工作按照设计要求和质量标准进行。

监理机构需要与政府、施工单位等各方进行沟通和协调，及时了解施工进度、质量情况等，并提出监督意见和建议。监理机构还可以发挥技术专业优势，为施工单位提供咨询和指导。

2.解决问题和处理纠纷

在施工过程中，难免会遇到各种问题和纠纷，例如设计调整、材料质量问题等。为了确保施工质量和效率的提高，以及避免争议的发生，各方需要通过有效的沟通来共同解决这些问题。

施工项目涉及多个参与方，包括业主、设计师、承包商和供应商等。为了能够及时交流并解决问题，可以建立定期的会议或通过现代技术手段进行远程沟通。这样可以确保信息的准确传达，使问题得到及时解决。

每当出现问题或纠纷时，必须详细记录下来，包括问题的具体描述、产生的原因以及可能的解决方案。这样可以为后续的解决过程提供参考，并确保各方对问题有清晰的了解。

在解决问题和处理纠纷时，需要采取合作的态度。各方之间应该保持开放的心态，愿意听取其他人的观点和建议。通过协商和讨论，找到最佳的解决方案。如果出现争议，可以考虑引入第三方中立人士或专家来进行调解。

每个问题和纠纷的解决都是宝贵的经验，可以作为改进的契机。各方应该及时反思，并对施工过程中存在的问题进行分析和整改，总结经验教训，以便将来避免类似的情况再次发生。

通过有效的沟通和合作，可以解决施工过程中的问题和纠纷，提高施工质量和效率。这不仅有助于顺利完成项目，还能够维护各方的权益，建立良好的合作关系。

（二）沟通技巧的提升

公路桥梁施工涉及不同专业领域的人员，他们具备的专业知识和技能各不相同。为了提升沟通效果，需要注意以下几点。

1.语言表达准确易懂

在沟通过程中，准确和易懂的语言表达非常重要。使用清晰明确的语言可以帮助我们更好地传达自己的观点和意见，避免产生误解和困惑。

在与非专业人士交流时，应该尽量使用通俗易懂的词汇和简洁的句子来表达自己的意思。如果必须使用专业术语，应该在解释其含义时举例阐释，以确保对方能够理解。

快速说话可能导致信息的丢失和理解上的困难。因此，应该适当放慢语速，以便对方能够更好地跟上我们的思路。还要确保音量适中，既不要音量太小而导致对方听不清，也不要音量太大使对方感到不舒服。

要时刻关注对方的反应和理解。如果对方表达了困惑或不理解，应该耐心地解释和澄清，确保对方对我们的意思有清楚的理解。也可以鼓励对方提问，以便更好地满足他们的需求，从而实现有效的沟通。

通过使用准确而易懂的语言表达，可以更好地传达意见和观点，避免产生误解和困惑。这有助于建立良好的沟通关系，促进信息的准确传递和理解。

2.倾听和理解对方的观点

在沟通过程中，倾听和理解对方的观点是建立良好沟通的关键。通过给予对方足够的尊重和关注，能够展示出合作的态度。

当与他人交流时，我们应该全神贯注地倾听，不打断对方的发言，并尽量避免分散注意力。这样可以让对方感受到被重视和被理解，同时也能更好地捕捉对方所表达的观点和意见。

除了口头表达外，还可以通过肢体语言、眼神接触和面部表情等方式来表达对对方观点的理解和共鸣。这种非语言反馈可以增强沟通的效果，让对方感受到我们的关注和共同的目标。

在沟通中，应该表达出合作和解决问题的意愿。这可以通过积极提供建议、共享信息和寻求共同利益等方式来体现。展示出合作的态度有助于建立良好的沟通氛围，并促进双方之间的理解和共识。

通过倾听和理解对方的观点，能够建立起有效的沟通关系。这不仅有助于解决问题和处理纠纷，还能够增进合作关系，实现彼此共同的目标。

3.培养团队合作意识

在公路桥梁施工中，团队合作意识的培养至关重要。不同专业领域的人员需要紧密合作，共同完成项目。

每个团队成员都应该明确自己的角色和责任，并认识到只有通过共同努力，才能够实现项目的成功。强调整个团队目标的重要性，鼓励成员之间相互支持和协作，避免个人主义和独立行动。

良好的沟通是团队合作的基础，各个专业领域的人员应该积极交流信息，分享资源和经验。这样可以加强团队协作，避免信息的断层和冲突，以便更好地解决问题和迎接挑战。

培养团队合作意识还可以通过共同目标和奖惩机制来激励。通过建立明确的目标和奖惩机制，可以让团队成员有共同的方向和动力，更加积极地参与合作。可以建立适当的奖励机制，鼓励团队成员之间的合作，从而提高整个团队的绩效。

通过培养团队合作意识，能够实现公路桥梁施工项目的成功。团队成员之间的紧密合作将提高施工效率和质量，实现项目的顺利完成。

4.应用沟通工具和技巧

在公路桥梁施工中，应用适当的沟通工具和技巧可以帮助促进信息交流和团队合作。

使用可视化工具，如图表、图片等，可以增强沟通的效果。使用这些工具可以将复杂的信息和概念以更直观的方式呈现出来，使其更易于理解和记忆。例如，通过制作流程图、时间轴或示意图，可以清晰地展示工程进度、任务分配和资源安排等信息，以便全体成员更好地理解和把握。

书面沟通也是重要的工具和技巧之一。通过书面形式，可以确保信息准确无误地传达给所有相关人员，并且可以留下记录以供参考。在书面沟通中，需要注意语言的准确性和清晰度，避免产生歧义和误解。同时，也可以运用格式化的文档、邮件或在线协作工具来组织和管理信息。

通过应用适当的沟通工具和技巧，能够更好地传达信息、促进团队合作和解决问题。因此，在公路桥梁施工中，我们应当灵活应用这些沟通工具和技巧，以提高项目的沟通效率和质量。

第六章　公路桥梁施工环境影响与经济效益的协同发展

第一节　环境与经济效益的关系

随着社会的不断发展和经济的快速增长，公路桥梁建设作为基础设施建设的重要组成部分，在推动经济发展、促进地区交流和提升人民生活水平方面发挥着重要的作用。但公路桥梁施工过程中所带来的环境影响也是不可忽视的。

在当今社会，环境保护和经济发展被视为两个重要且不能缺少的目标。然而，环境与经济之间并不是简单的对立关系，而是存在着相互关联、相互依赖的协同发展关系。正确处理环境与经济之间的关系，实现二者的良性互动，对于可持续发展具有重要意义。

一、环境对经济的影响

环境是人类生存和发展的基础，也是进行经济活动的舞台。环境与经济之间存在着密切的相互关系，环境的好坏直接影响着经济的发展和效益。

（一）自然资源的提供

1.水资源

水是人类生产和生活中不可缺少的重要资源。良好的水资源供应对于农业、工业和居民生活具有重要意义。水资源的充足与否直接影响着农作物的种植、工业生产的开展以及居民的用水需求。例如，干旱地区的水资源短缺会限制农作物的产量，导致农业收入减少，进而影响整个地区的经济发展。

2.土地资源

土地是人类进行农业生产和城市建设的基础。良好的土地资源可以提供丰富的农产品，满足人们对食物的需求。同时，适宜的土地条件也是城市发展的基础，能够吸引投资和促进经济的增长。然而，土地资源的过度开发和破坏会导致土地贫瘠、土壤侵蚀等问题，对经济产生负面影响。

3.矿产资源

矿产资源是工业生产的重要原材料，包括煤炭、石油、金属矿等。这些资源的供应充足与否直接影响着工业生产的规模和效益。例如，石油是现代工业的基础能源之一，对于制造、交通和能源等行业的发展起着关键作用。

（二）生态系统服务

1.水源涵养

自然生态系统中的森林、湖泊和湿地等能够起到涵养水源的作用。它们能够吸收降雨，并将水分储存起来，供应给人类用水和农业灌溉。良好的水源涵养功能可以保证水资源的稳定供应，促进农业和工业的发展。

2.土壤保持

植被和土壤结构能够防止水土流失，保护农田和生态系统的完整性。如果土壤保持功能不足，将导致水土流失、农田退化和干旱等问题，进而影响农业产量和经济效益。

3.气候调节

森林等自然生态系统可以吸收二氧化碳，并释放氧气，起到净化空气和调节气候的作用。全球气候变化对经济活动带来了巨大挑战，良好的生态系统能够缓解气候变化的影响，降低灾害风险，维护经济稳定发展。

（二）环境质量

1.空气质量

良好的空气质量对于人们的健康和经济活动具有重要意义。恶劣的空气质量会导致呼吸道疾病、光化学烟雾污染等问题，给医疗卫生系统增加负担，并限制人们的生产和生活活动。

2.水质和土壤污染

水质和土壤的污染直接影响着农业生产和人类健康。受污染的水源和土壤会导致农产品质量下降，对农业经济造成损失。水污染还会增加饮用水处理的成本，对居民生活产生负面影响。

二、经济对环境的影响

随着经济的快速发展和全球化的进程，人们越来越关注经济对环境的影响。经济活动对环境有着深远的影响，既可以促进环境保护，也可能对生态系统造成破坏。

（一）经济增长与资源消耗

经济增长是现代社会的重要目标，但与之相伴随的是大量的资源消耗。工业生产需要大量的能源和原材料，这导致了水、土地和空气等自然资源的过度开采和污染。这种资源消耗和环境压力对可持续发展构成了威胁。

例如，钢铁和石油化工等高能耗产业在生产过程中会排放大量的二氧化碳和其他温室气体，加剧了全球气候变暖的问题。这些温室气体的排放导致地球气候异常变化，带来极端天气事件、海平面上升等问题，严重威胁人类社会的可持续发展。

（二）工业化与环境污染

工业化是现代经济发展的重要推动力，但也带来了严重的环境污染。工业活动中产生的废水、废气和固体废弃物对水源、大气和土壤造成了严重污染。

许多地区由于工业废水的排放而导致水资源受到污染，这不仅危及人类饮用水的安全，还破坏了水生态系统的平衡。废水中含有有机物、重金属和化学物质等，它们进入河流、湖泊和地下水后会对水质产生严重影响，使得水中的溶解氧降低、水生物死亡、水质下降。这对于渔业、农业和生态环境都带来了巨大的威胁。

工业生产过程中产生的二氧化硫、氮氧化物、挥发性有机物和颗粒物等有害气体会直接释放到大气中，形成空气污染。这些污染物不仅导致大气中悬浮颗粒物增加，还会引发酸雨、光化学烟雾等环境问题。长期暴露在工业废气污染下的人们容易患上呼吸系统疾病、心血管疾病和癌症等。

随着工业生产的增加，大量的固体废弃物被排放到土壤中，给土壤造成了严重污染。这些固体废弃物包括有毒有害物质和无法降解的垃圾，它们渗入土壤后会对植物生长和土壤质量产生负面影响，甚至会进一步污染地下水资源。

（三）城市化与生态环境破坏

随着城市化进程的推进，人口持续涌入城市，城市规模不断扩大。这种城市化现象给环境带来了巨大的压力，对生态环境造成了严重破坏。

城市建设需要大量的土地资源，导致原本的自然生态系统遭到破坏，生物多样性减少。为了满足城市发展的需求，大片的森林、湿地和草原被迅速开发和消耗，许多珍稀濒危物种失去了栖息地，甚至灭绝。这种生态系统的破坏不仅对自然界的平衡产生负面影响，也削弱了人类对自然资源的依赖和可持续发展能力。

城市的交通、工业和生活活动会产生大量的废弃物和污染物，对周边环境造成严重影响。随着车辆数量的增加和交通拥堵的加剧，汽车尾气排放成为城市空气污染的主要来源之一。工业生产过程中的废水、废气和固体废弃物排放，以及居民日常生活中的垃圾排放，都会对空气、水源和土壤造成污染，严重危害人类健康和生态系统的稳定。

城市化还带来了大规模的人口聚集，增加了水资源的需求和压力。为了满足城市居民的生活用水需求，往往需要进行大规模的水库蓄水或引水工程，这会导致水域生态系统的破坏，影响鱼类和其他水生生物的栖息和迁徙。

（四）经济发展与生态平衡

尽管经济发展可能对环境产生负面影响，但也可以推动环境保护。经济的进步赋予了人们更多资源和技术来解决环境问题。举例来说，随着科技的不断进步，清洁能源的利用日益普及，这降低了对化石燃料的依赖，减少了温室气体的排放量。经济发展也为环境保护提供了财务支持，通过投资环境保护项目和制定环境法律法规等措施来改善环境质量。

随着科技的发展，人们不断创造出更高效、更环保的技术和工艺，使得生产和消费过程中对环境的损害减少。例如，在能源领域，清洁能源技术的应用逐渐普及，如太阳能、风能等可再生能源的利用，减少了对传统煤炭和石油等化石燃料的需求，从而降低了温室气体的排放量。

随着国家经济的增长，政府和企业拥有更多的财务资源来投入环境保护项目。这些资金可以用于开展环境监测、治理污染、生态修复等工作，有助于改善环境质量和保护生态系统的稳定性。经济发展也为制定和实施环境法律法规提供了条件，通过强化环境管理和监管，加强对环境破坏行为的惩罚，有效维护环境的可持续性。

我们也必须认识到，经济发展与环境保护之间存在一定的矛盾和挑战。在追求经济增长的过程中，一些企业和地区可能会忽视环境保护，导致资源的过度开采、污染物的排放等问题。因此，需要加强环境意识和教育，促使企业和公众更加重视环境保护，推动绿色发展理念的普及和实施。

三、实现环境与经济效益的协同发展

为了实现环境与经济效益的协同发展，需要采取以下措施。

（一）推行绿色发展战略

为了实现环境友好和经济可持续发展，应积极推行绿色发展战略。该战略的核心是鼓励企业和个人采用绿色生产方式，推广清洁能源和低碳技术，减少资源消耗和污染排放。

传统的生产和消费模式对环境造成了巨大的压力，所以鼓励企业将环保作为企业社会责任的重要组成部分，并推动其转向更加环保的生产方式。通过引入先进的清洁生产技术和设备，企业可以减少废弃物和有害物质的产生，降低环境风险。还鼓励企业开展循环经济，通过回收再利用和资源共享来最大限度地减少资源的消耗。

在个人层面，提倡低碳的生活方式，鼓励人们节约能源和水资源，减少废弃物的产生。推广使用清洁能源，如太阳能和风能等，以替代传统的化石燃料，减少温室气体的排放。也倡导使用低碳技术和产品，如节能灯具、高效电器等，以减少能源消耗。

为了促进绿色发展，还需加强政策支持和市场监管，制定相关的环保法律法规，加大对环境违法行为的打击力度，提高污染排放的成本。同时建立健全市场机制，鼓励绿色技术和产品的研发与应用，推动绿色产业的发展。

（二）提高环境保护意识

为了实现可持续发展和建设美丽中国的目标，需要通过教育和宣传，增强公众对环境保护的认识和重视，培养绿色生活方式和建立环境友好型社会的价值观念。

1.教育引导

加强环境教育，将环境知识融入学校课程体系，从小培养学生的环保意识和责任感。同时，开展环保主题的教育活动和实践，让学生亲身体验环境问题，增强他们的环保意识。

2.媒体宣传

利用各类媒体平台，广泛宣传环境保护知识和案例，提高公众对环境问题的认识。通过新闻报道、电视节目、微博微信等途径，向大众传递环保理念和行动，激发公众参与环境保护的积极性。

3.社会组织参与

鼓励和支持环保组织、志愿者团体等社会力量参与环境宣传和教育活动。组织各类环保主题的讲座、培训和志愿服务，提供平台让公众参与环境保护行动，并共同推动社会的环保进步。

4.普及科学知识

加强科普工作，向公众普及环境科学知识和技术，提高大众的环保素养。通过举办科普展览、编写科普读物、开展科学实验等方式，让公众了解环境问题的本质和解决方法。

5.倡导绿色生活方式

倡导低碳、节能、环保的生活方式，鼓励公众减少塑料使用、进行垃圾分类、节约用水等行为。政府可以制定相关政策，提供相应的补贴和优惠，激励公众采取绿色消费和生活方式。

通过提高公众的环境意识，可以形成广泛的社会共识，形成人人关注环保、人人参与环保的良好氛围。只有每个人都积极行动起来，才能真正实现环境保护的目标，为子孙后代留下一个清洁美丽的地球家园。

第二节 生态补偿与经济补偿机制

为了保护和修复受到破坏的生态系统，并确保施工项目的可持续发展，需要建立相应的生态补偿与经济补偿机制。

一、生态补偿与经济补偿的概念

生态补偿是指人类活动对自然环境造成损害时，通过采取一系列措施来保护和修复受损生态系统的过程。在公路桥梁施工中，由于土地开垦、水土流失、生物栖息地破坏等因素，往往会对周围的生态环境造成不可逆转的影响。为了实现生态环境的可持续发展，必须进行相应的生态补偿工作。

经济补偿是指在公路桥梁施工过程中，为了弥补受损生态系统带来的经济损失，向利益相关者提供一定的经济补偿。经济补偿可以作为一种激励机制，鼓励各方积极参与生态补偿工作，确保补偿措施的有效实施。

二、生态与经济补偿的原则

随着人类社会的发展，生态环境遭受到了严重的破坏和威胁。生态补偿旨在通过对受损生态系统进行经济赔偿，以实现生态环境的可持续发展。在进行生态补偿与经济补偿时，应遵循以下原则。

（一）先污染者负责原则

先污染者负责原则是指由引起生态损害行为的责任人承担相应的经济补偿责任。根据这个原则，生态补偿的责任应该由那些直接或间接导致生态环境损害的人或组织承担。这可以激励这些人或组织采取措施来减少对生态系统的损害，促进环境友好型的经济活动的开展。

先污染者负责原则的理念是建立在保护环境和生态系统的基础上的。当人类的经济活动对生态环境造成破坏时，这个原则可以确保责任人为他们的行为负责。这种责任意味着他们需要承担经济补偿的责任，以修复或弥补由他们引起的生态损害。

实施先污染者负责原则有助于防止环境污染和生态系统破坏进一步恶化。

通过追究责任人的责任，可以提供一种经济激励，鼓励他们采取措施减少对环境的影响。这可能包括改善生产工艺、减少废物排放、采用环保技术等。

先污染者负责原则也有助于保护受损的生态系统和受影响的社区。通过向责任人收取经济补偿，可以用这些资金来修复或改善受损的环境，以及支持受影响社区的恢复和发展。这种经济补偿的使用应该是透明和有效的，确保它们能够真正用于环境保护和生态恢复的目的。

但在实施先污染者负责原则时，还需要考虑一些问题。例如，确定责任人和他们对生态环境造成的具体影响可能是复杂的，需要科学研究和评估。确保责任人承担经济补偿责任的法律机制和监督体系也是必要的。

（二）损失内部化原则

损失内部化原则意味着造成生态环境损害的人或组织应当承担其行为所带来的经济损失。这是一个经济学原则，旨在确保环境成本被纳入到经济活动的决策中。通过内部化损失，可以促使企业和个人在进行经济活动时更加重视生态环境，减少对其造成的损害。

损失内部化原则的核心思想是将环境成本作为一项内部成本纳入到企业或个人的经济计算中。传统上，许多环境成本被视为外部性，即由经济活动导致的环境损害所产生的费用由社会或公共部门承担。这种做法将会导致经济活动的不可持续性，因为责任人没有直接面对他们行为的真实成本。

通过内部化损失，责任人必须自行承担其行为所带来的经济损失。这可以通过多种方式实现，例如征收污染税、实施排污许可证制度或者设立环境赔偿基金等。这些措施都旨在引导经济主体在进行经济活动时更加谨慎，减少对生态环境的破坏。

（三）公平与合理原则

公平与合理原则是指在进行生态与经济补偿时，应确保补偿措施的公正性和合理性。这意味着不同的损害行为应该受到相应的补偿，而补偿的数额应该与实际损失相匹配。同时，还需要考虑到不同地区、不同群体之间的差异，确保补偿措施对于所有相关方都是公平和合理的。

公平与合理原则在生态与经济补偿中起重要作用。它确保了受损方能够得到应有的补偿。当生态环境受到破坏或经济利益受到侵害时，责任人应承担相应的经济责任来修复或弥补损失。补偿的数额应该根据实际损失进行评估，并与造成损害的行为相关联。这样可以确保受损方能够获得公正和合理的补偿，以帮助他们恢复和重建。

由于生态环境和经济活动的影响因素各不相同，受损的程度和影响范围也会有所不同。在确定补偿措施时，需要考虑到这些差异，以确保补偿对于各个地区和群体都是公平和合理的。这可以通过制定不同地区的补偿标准、灵活调整补偿方案或提供特殊支持等方式来实现。

公平与合理原则还需要考虑到长期发展的可持续性。在进行生态与经济补偿时，应该避免简单的赔偿行为，而是更加注重预防和修复。这意味着需要采取措施来防止进一步的环境破坏，同时推动生态系统的恢复和保护。这样可以确保公平与合理的补偿不仅能够解决当前的问题，还能够为未来的可持续发展奠定基础。

但确定补偿数额和补偿标准往往是复杂的任务，需要科学评估和专业判断的支持。确保补偿的分配过程公正透明也是一个挑战，需要建立相应的监管机制和法律体系来保持公平公正。

（四）综合考虑原则

综合考虑原则是指在进行生态与经济补偿时，应该综合考虑多个因素，包括环境、社会和经济因素。这个原则的目的是确保制订出既符合生态保护又能促进经济可持续发展的补偿方案。在确定补偿措施时，需要综合考虑生态系统的复杂性、损失的严重程度、经济可行性以及对当地社区和居民的影响等。

综合考虑原则的实施有助于平衡生态保护和经济发展的关系。通过综合考虑多个因素，可以找到一种既能够最大限度地保护生态环境又不会过度损害经济利益的补偿方案。例如，在修复受损的生态系统时，可以采用生物多样性恢复、植被修复、水资源管理等综合手段，以确保生态系统的功能和稳定性得到恢复，同时也促进当地社区的经济发展。

综合考虑原则还需要考虑到不同利益相关方的权益和利益平衡。在制订补偿方案时，应积极征求和听取各方的意见和建议，特别是受损方和当地社区的声音。这可以帮助确保补偿方案不仅符合环境保护的要求，还能够维护当地社区的利益和可持续发展。

三、生态与经济补偿的实施方式

生态与经济补偿是一种通过经济手段来弥补或修复由于人类经济活动对生态环境造成的损害或影响的方法。在实施生态与经济补偿时，可以采取多种方式和措施，以下是一些常见的实施方式。

（一）生态修复

生态修复是通过采取一系列措施和手段，重建受损的生态系统，以提高其生态功能和稳定性。生态修复的目标是恢复和保护生物多样性、改善土壤质量、调节水文循环、防止土地侵蚀等，从而促进可持续的生态发展。

生态修复可以涉及不同类型的生态系统，包括森林、湿地、河流等。

1.种植适宜的植被

通过选择和种植适应当地环境条件的植物物种，可以帮助恢复破坏的植被覆盖。这有助于改善土壤结构、保持水源、减少水土流失，并为野生动植物提供栖息地。

2.恢复湿地

湿地是生态系统中重要的生态功能区，具有水源补给、水质净化、洪水调节等功能。通过恢复湿地的水文条件、植被组成和生物多样性，可以提高湿地的生态价值和稳定性，同时也有助于减少洪水灾害和水资源管理。

3.河流和湖泊的恢复

河流和湖泊是重要的淡水生态系统，受到污染、水量调节和栖息地破坏等问题的影响。通过清理污染、修复河岸带、增加河道自然性和增加鱼类回归通道等措施，可以促进河流和湖泊的恢复和保护。

生态修复的实施需要综合考虑环境条件、生态需求和社会经济因素。关键是进行科学研究和评估，制订合适的修复方案，并确保其可行性和持续性。政府、科研机构、NGO 组织（非政府组织）和社区等各方的合作和参与也是生态修复成功的重要因素。

（二）污染税

污染税是一种征收税费的方法，针对那些排放污染物或对环境造成损害的企业或个人。通过制定不同的税率，根据排放量、污染物种类以及环境敏感度等因素来引导减少污染物的排放。同时，通过征收税收收入，用于进行环境保护和生态修复。

污染税的目的是通过经济手段来激励企业和个人采取更加环保的生产方式。通过征收税费，可以增加排放污染物的成本，使得企业在考虑成本时更加倾向于减少排放，采取清洁生产技术或改进生产过程，从而达到减少污染物排放的目标。

制定污染税需要考虑排放量，即污染物的数量。排放量越大，所征税费也会相应增加，以激励企业减少排放；污染物的种类，不同的污染物对环境的危害程度不同，因此税率也会有所区别；还要考虑环境敏感度，即污染物对周围环境的影响程度，如是否属于敏感生态区域等。

通过征收污染税，可以达到多重目标。通过引导企业和个人减少污染物排放，降低环境污染程度，维护生态平衡；由于资源利用效率的提高，征收污染税会增加企业的成本压力，激励其采用更加清洁、高效的生产方式，从而促进资源的有效利用；污染税的征收还可以为环境保护和生态修复提供经济支持，用于投资环境治理设施建设、开展环境科研和推动可持续发展。

然而，污染税的实施也面临着一些问题。税收的制定和管理问题，需要建立科学的评估指标和税率调整机制，确保税收水平与环境效益相匹配。税收的合理分配和使用，需要确保税收收入真正用于环境保护和生态修复，避免滥用或流失。

（三）环境赔偿基金

环境赔偿基金是一种通过征收环境保护税、罚款或其他方式筹集的资金，用于补偿受损的生态系统和受影响的社区。这些资金被用于进行生态修复、环境改善以及资源保护等方面的工作，旨在恢复受损的生态环境。

环境赔偿基金的设立是为了解决环境破坏所带来的后果和损失。当企业或个人的活动导致环境污染、生态破坏或其他环境问题时，他们需要承担相应的责任并进行赔偿。环境赔偿基金的资金来源可以包括征收环境保护税、对违法行为进行罚款、环境污染责任险的保费等途径。

环境赔偿基金的设立和使用需要考虑多个因素。资金的筹集方式和机制应确保资金来源合法、透明，并建立相应的监管体系；赔偿标准和程序的制定，需要根据不同的环境损害情况进行科学评估和界定；还需要加强对环境赔偿基金的监督和管理，确保资金被合理、有效地使用于环境修复和改善工作中。

环境赔偿基金的实施可以促进企业和个人的环境责任意识，通过承担经济责任来引导他们采取更加环保的行动，减少环境破坏和污染；恢复受损的生态环境，通过投入资金和资源，促进生态系统的再生和修复，保护生物多样性和生态平衡；改善社区环境，通过投资环境改善项目，提升居民的生活质量和环境质量。

（四）生态保护税收减免政策

生态保护税收减免政策是指政府对符合环境保护标准的企业予以税收减免或优惠的政策，来鼓励和激励环境友好型的经济活动。这种方式旨在促使企业采取更多的环境保护措施，减少对生态环境的负面影响。

生态保护税收减免政策的实施可以通过多种方式进行。对符合环保标准的企业给予税收减免，即减少其应缴纳的税款金额。这可以降低企业的经营成本，从而为其提供更多的资金用于环境保护投入；对采取环境友好型技术和措施的企业给予税收优惠，如减少所得税率、免征特定环境相关税费等。这可以激励企业采取更加清洁、高效的生产方式，减少污染物排放和资源消耗；政府还可以通过补贴和奖励等方式鼓励企业进行环境技术研发和创新，以推动环境友好型产业的发展。

（五）环境补偿协议

环境补偿协议是由相关各方签订的合同，旨在约定补偿方案和责任分担。通过协商和谈判，确定责任人承担相应的经济责任，并约定补偿的方式和金额。这种方式可以根据具体情况灵活地制订补偿方案，最大限度地恢复和保护生态环境。

环境补偿协议的签订通常涉及多个利益相关方，包括企业、政府、社区和环境组织等。各方就环境破坏或损害事件进行协商，明确责任和义务，共同寻求解决方案。在协商过程中，需要充分考虑科学评估结果、环境影响和社会经济因素等，确保补偿方案的公平性和可行性。

环境补偿协议的内容可以包括责任的确认，即确定导致环境破坏或损害的主要责任方；补偿的范围和方式，如资金补偿、资源修复、生态恢复等。补偿的方式可以根据实际情况选择，包括一次性支付、分期支付或提供其他资源和服务等；补偿的金额和期限，即约定具体的补偿数额和完成补偿的时间要求；最后是监督和执行机制，确保各方履行协议中的责任和义务。

环境补偿协议的签订可以实现恢复受损的生态环境，通过约定补偿方案，提供资金和资源用于生态修复和环境保护，促进生态系统的恢复和功能重建；维护公众利益，通过约定责任人承担经济责任，强化企业和个人的环境责任意识，保护社区和公众的权益。

第三节　可持续投资与融资模式

一、可持续融资模式的分类与特点

可持续融资模式是指在进行融资活动时，采用一种或多种能够实现可持续发展目标的方式。根据不同的特点和应用场景，可持续融资模式可以分为以下几类。

（一）绿色债券（Green Bonds）

绿色债券是一种用于环境友好项目的债券。绿色债券的募集资金专门用于支持和推动可持续发展、环境保护和气候变化相关的项目。

绿色债券的发行主体可以是政府机构、企业或金融机构等，其目的在于通过吸引投资者对可持续发展项目的关注，为这些项目提供长期、稳定的资金支持。绿色债券的发行通常需要遵守国际绿色债券原则和指南，以确保项目的环境价值和可持续性。

绿色债券的资金用途多样化，包括但不限于以下几个方面。

1.可再生能源

绿色债券可以用于支持太阳能、风能、水能等可再生能源项目的建设和运营，从而减少对传统化石燃料的依赖，促进清洁能源的发展。

2.能源效率

绿色债券可以用于支持改善能源效率的项目，例如建设节能型建筑、推广节能技术和设备等，以减少能源消耗和碳排放。

3.可持续交通

绿色债券可以用于支持建设低碳公路、城市轨道交通系统、电动车充电基础设施等项目，促进可持续交通方式的发展。

绿色债券的发行对可持续发展具有积极的推动作用。它不仅为投资者提供了一种参与可持续发展的途径，也为发行主体提供了融资的渠道。同时，通过绿色债券的发行和投资，可以引导资金流向更加环保和可持续的领域，推动全球经济向更加绿色、低碳的方向发展。

（二）社会债券（Social Bonds）

社会债券是一种用于解决社会问题的债券。与传统债券相比，社会债券的募集资金专门用于支持和推动社会发展、改善社会福利和解决社会问题。

1.基础设施改善

社会债券可以用于支持改善交通、水电等基础设施项目的建设和维护，以提高社会服务的质量和覆盖范围。

2.教育和培训

社会债券可以用于支持教育和培训项目，例如提供优质教育资源、改善学校设施、培训就业技能等，从而促进人力资源的发展和社会融入。

3.就业和创业

社会债券可以用于支持促进就业和创业的项目,例如提供贷款和培训机会、支持小微企业发展等，从而减少失业率、提高收入水平和社会稳定性。

4.公共安全

社会债券可以用于支持公共安全项目，例如改善消防设施、加强社区警务、推动灾害风险管理等，提升社会安全和防灾能力。

通过社会债券的投资，可以引导资金流向社会最迫切需要的领域，实现社会效益和经济效益的双赢。

（三）可持续发展债券（Sustainable Development Bonds）

可持续发展债券是一种用于支持可持续发展目标的债券。可持续发展债券的募集资金专门用于推动经济增长、社会进步和环境保护等方面，以实现可持续发展的目标。

1.经济发展

可持续发展债券可以用于支持基础设施建设、科技创新、产业发展等项目，促进经济增长和就业机会的增加。

2.气候行动

可持续发展债券可以用于支持气候变化适应和减缓项目，例如建设可再生能源设施、推广低碳交通方式等，以应对全球气候挑战。

3.社会责任

可持续发展债券可以用于支持企业社会责任和可持续经营项目，例如改善劳工条件、提高供应链可持续性等，推动商业实践与社会价值的融合。

（四）公私合作（Public-Private Partnerships，PPP）

公私合作是指政府和私营企业之间建立的合作关系，通过共同投资、建设和运营来实现各类项目的目标。在公路桥梁等基础设施建设领域，公私合作模式可以促进资源共享，提高效益。

公私合作的模式通常涉及政府部门与私营企业之间签订长期合作协议，共同承担项目的风险和获得回报。根据协议的具体安排，政府可能负责提供土地、许可证和相关准入条件，而私营企业则负责投资、设计、建设、运营和维护项目。

公私合作模式在公路桥梁建设中有多项优势，具体如下。

1.资源共享

公私合作可以充分利用政府和私营企业各自的资源和优势。政府可以提供土地和准入条件，私营企业可以提供资金、技术和管理经验，从而实现资源的有效整合和优化利用。

2.分散风险

公私合作将项目风险分摊给政府和私营企业，减轻了双方单独承担风险的负担。政府可以将部分风险转移给私营企业，减少了对公共资金的压力，而私营企业则可以通过长期经营和回报来分散投资风险。

3.提高效益

公私合作鼓励私营企业在项目设计、建设和运营中发挥创新能力和高效管理经验。这有助于提高项目的质量、效率和成本控制，从而提供更优质的基础设施服务，并为用户带来实际效益。

4.长期可持续发展

由于公私合作的长期性质，私营企业通常对项目的长期运营和维护负责。这促使私营企业注重项目的可持续性和长期价值，从而确保项目的良好运营和维护，并为公众提供持续的服务。

二、可持续投资与融资模式在公路桥梁施工中的应用

在公路桥梁施工中，可持续投资与融资模式的应用可以从以下几个方面实现。

（一）引入绿色技术

通过引入绿色技术，如可再生能源和环保材料的使用，可以有效降低公路桥梁施工对自然资源的消耗，减少对环境的不良影响，从而实现可持续发展。

1.可再生能源

引入可再生能源是一种重要的绿色技术。传统公路桥梁施工过程中，大量的能源消耗主要依赖于化石燃料，这对环境造成了严重的污染。通过引入可再生能源，可以替代传统能源，减少对化石燃料的需求。例如，可以利用太阳能光伏板在桥梁上发电，以满足施工过程中的能源需求。这不仅能减少对化石燃料的依赖，还可以降低温室气体的排放，对气候变化产生积极的影响。

2.环保材料

采用环保材料也是实现绿色技术的重要手段。传统公路桥梁施工中常使用的材料，如混凝土和钢铁，对环境造成了巨大的负担。通过使用环保材料，如再生材料和可降解材料，可以减少对自然资源的消耗，并降低对环境的不良影

响。例如，可以使用再生混凝土代替传统的混凝土材料，以减少对石灰石等原材料的需求；还可以使用可降解的塑料材料代替传统的塑料材料，以减少对非可再生资源的依赖。这样做不仅可以节约资源，还可以减少废弃物的产生，实现循环经济的理念。

（二）加强社会责任

加强社会责任的重要性日益凸显，公路桥梁施工单位应当深入贯彻社会责任意识，注重维护当地社区利益，积极参与社会公益事业，以提高公众对施工项目的满意度和认可度。

作为重要的基础设施建设者，公路桥梁施工单位应当主动承担起保护环境、推动经济发展、改善社会福利的责任。通过采取环保措施，减少施工对自然环境的影响；通过创造就业机会，促进当地经济发展；通过投资社会公益事业，提升社会福利水平，公路桥梁施工单位能够为社会的可持续发展做出积极贡献。

公路桥梁施工单位积极关注社区利益，参与社会公益事业，不仅可以改善当地居民的生活质量，还能够树立企业的良好形象。通过这种方式，施工单位能够赢得公众的信任和认可，提高项目的满意度，同时也为企业未来的发展奠定坚实的基础。

公路桥梁施工涉及大量的土地征用和人员安置等问题，如果施工单位能够主动关注当地社区利益，积极参与社会公益事业，就能够有效化解潜在的矛盾和冲突，维护良好的社会关系。

（三）创新金融产品

随着金融科技的迅猛发展，公路桥梁施工领域也可以通过创新金融产品来实现更灵活的融资方式。通过可转让债权和项目证券化等融资方式，为公路桥梁施工项目提供多样化的融资渠道，吸引更多投资者参与，从而推动项目的顺利进行。

1.可转让债权

可转让债权是一种创新的融资方式，在公路桥梁施工中发挥着重要作用。传统的融资方式通常依赖于银行贷款，但这种方式存在利率较高、期限较短等问题。相比之下，可转让债权通过将债权转让给其他投资者来实现融资，增加了融资的灵活性。公路桥梁施工单位可以将自身的债权进行转让，吸引更多的投资者参与，从而获得更多的资金支持。

可转让债权的运作机制是，施工单位将自身的债权通过发行债券等方式转让给投资者，投资者购买债权后成为债权人，并享有债权所带来的权益和收益。债权的转让可以通过证券交易市场进行，也可以通过私下协商达成。这种方式能够吸引更多的投资者参与，扩大融资渠道，提高项目的资金筹措能力。

与传统的融资方式相比，可转让债权可以提供更多的融资选择。它不再仅仅依赖于银行贷款，施工单位可以根据实际需要选择合适的债权转让方式，满足不同的融资需求。可转让债权通过将债权分散给多个投资者，即使某一投资者出现问题，整体的投资风险也会得到分散和缓解。债权转让还能够提高项目的可持续性。通过吸引更多的投资者参与，项目的融资基础更为稳固，有助于项目的长期发展和运营。

2.项目证券化

项目证券化也是一种创新的融资方式，同样适用于公路桥梁施工领域。它将公路桥梁施工项目的现金流转化为可交易的证券，供投资者购买和交易。通过项目证券化，可以吸引更多的投资者参与，并提供更多的融资渠道。投资者可以通过购买项目证券来分享项目的收益，而公路桥梁施工单位则可以通过出售项目证券来筹集资金。

项目证券化的过程包括将公路桥梁施工项目的现金流分割成不同的证券，每种证券代表不同的风险和回报水平。这些证券可以被投资者购买和交易，从而形成一个市场。投资者可以根据自身的需求和风险偏好选择购买适合自己的项目证券，从而分享项目的收益。公路桥梁施工单位则可以通过出售项目证券来筹集资金，用于项目的建设和运营。

相比传统的融资方式，项目证券化将项目的现金流转化为可交易的证券，可以吸引更多的投资者参与，并提供多样化的融资选择；项目证券化将现金流分割成不同的证券，投资者可以根据自身需求和风险承受能力进行选择，从而分散投资风险；项目证券化还能够降低企业的财务压力，更好地专注于项目的建设和管理。

除了可转让债权和项目证券化，还有其他一些创新的金融产品和融资方式也可以应用于公路桥梁施工中，如基础设施债券、信托等，都能够提供更多样化的融资渠道，满足公路桥梁施工单位不同的融资需求。在推动公路桥梁施工项目的发展过程中，这些金融产品和融资方式可以发挥重要作用，促进资金的流动，提高项目的成功率。

第七章 公路桥梁施工技术创新
与可持续发展

第一节 技术创新在公路桥梁施工中的作用和意义

随着社会经济的快速发展，人们对公路桥梁的需求越来越高，要求其具备更高的安全性、更短的建设周期和更低的维护成本。为了满足这些要求，技术创新在公路桥梁施工中起到至关重要的作用。

一、提高施工效率

公路桥梁的施工过程复杂而烦琐，传统的施工方法往往需要大量的人力和时间。随着科技的发展和技术创新的推进，越来越多的先进技术被应用于公路桥梁施工中，从而大大提高了施工效率。

（一）自动化施工设备的应用

自动化施工设备的应用范围广泛，技术创新为建筑行业带来了许多能够减少人力投入、提高施工效率的设备。这些设备在施工过程中起到了关键作用，可以大大提升施工质量、减少人力成本，并且改善了工作环境和安全性。

一方面，钢筋自动弯曲机、模板自动拆卸机、混凝土自动搅拌机等设备的应用使得施工流程实现了自动化。钢筋自动弯曲机能够根据设计要求自动弯曲钢筋，不仅提高了弯曲的精度和效率，还减少了人工操作的时间和劳动强度。模板自动拆卸机可以快速而安全地拆除混凝土模板，代替了传统的手工拆卸，大大节约了时间和人力成本。混凝土自动搅拌机能够均匀、高效地搅拌混凝土，确保混凝土的质量稳定，减少了人工搅拌所需的时间和劳动强度。

另一方面，先进的机器人设备也在自动化施工中发挥着重要作用。桥梁维修机器人可以在高空或者危险环境中进行维修和保养工作，不仅提高了施工效率，还保障了工人的安全。清洁机器人则可以代替人工进行建筑物外墙清洁，有效减少了工人的高空作业风险，同时提高了清洁效率。

这些自动化施工设备的应用不仅减轻了工人的劳动强度，还大大提高了施工效率和质量。自动化设备能够实现精确的操作，提高了施工的准确性和一致性。由于这些设备能够减少对人力的依赖，施工过程中的人为因素错误也被降到最低，从而进一步提高了施工质量和安全性。

（二）先进的测量和定位技术

在传统的公路桥梁施工中，测量和定位通常需要大量的时间和精力。但随着技术的不断创新，先进的测量和定位技术被引入这个领域，为施工过程带来了革命性的变化。

1.全站仪

全站仪是一种先进的测量设备，它结合了全球定位系统（GPS）和电子测距仪的功能。通过使用全站仪，工程人员可以快速、准确地测量和记录各种参数，如桥墩位置、高程和角度等。

相比传统的测量方法，全站仪具有许多优势。全站仪能够实时获取卫星信号，并通过 GPS 技术确定测量点的位置信息。这种全球定位系统的应用使得测量更加精确，并且不受地理位置和天气条件的限制。

全站仪配备了电子测距仪，可以迅速测量目标物体与仪器之间的距离。这种自动化的测距功能大大提高了测量效率，并减少了人为因素对结果的影响。全站仪还可以测量角度，并将数据直接记录在设备中，减少了手工记录和数据转换的步骤，提高了数据的准确性。

全站仪还具备数据存储和导出功能，可以将测量数据保存在内部存储器中，并通过 USB 或无线传输方式导出到计算机进行后续处理。这样，工程人员可以方便地对测量数据进行分析和建模，为工程设计和施工提供可靠的依据。

2.激光扫描仪

激光扫描仪是一种先进的测量技术，通过利用激光束对物体表面进行扫描，并测量返回的激光信号，可以获取物体的形状和尺寸信息。在桥梁施工中，激光扫描仪具有重要的应用价值。

传统的桥梁测量方法通常需要人工测量和手绘平面图，耗时且容易出现误差。而激光扫描仪能够快速、准确地捕捉整个桥梁的三维模型，提供详细的几何数据。这使得工程师能够更加全面地了解桥梁的结构，并在设计和评估过程中提供可靠的依据。

通过激光扫描仪的应用，工程师可以获得桥梁各部位的尺寸、形态和变形情况等关键信息。这些数据不仅可以用于评估桥梁的安全性和结构完整性，还可以作为后续维护和修复工作的参考。

3.卫星定位技术

卫星定位技术在桥梁施工中得到广泛应用。利用全球定位系统（GPS）或伽利略导航系统等卫星定位系统，施工人员可以准确地确定位置坐标，并实时跟踪移动物体的运动轨迹。这项技术的应用不仅提高了施工的精度和效率，还能够减少误差和重复工作，为后续工序提供可靠的基础数据。

卫星定位技术通过卫星信号和接收器设备之间的通信，能够计算出特定位置的经度、纬度和海拔高度等信息。在桥梁施工中，施工人员可以使用这些信息来确定各个关键点的位置，包括桥墩、桥台和桥面等。通过对这些关键点进行精确测量和标记，可以确保桥梁结构的准确建造和安装。

卫星定位技术还可以实时跟踪移动物体的运动轨迹。例如，在桥梁施工过程中，对材料和设备的运输，施工人员可以利用卫星定位技术监控这些物体的位置和移动情况，有助于提前发现潜在的问题和障碍，并及时采取措施进行调整和优化。

卫星定位技术的应用还能够提供更加精确和简便的测量方案，减少误差和重复工作。施工人员只需携带轻便的接收器设备，即可获得实时的位置信息，避免了烦琐的测量步骤和可能的误差。

（三）数据化管理和协同办公

技术创新在公路桥梁施工中引入了数据化管理和协同办公的应用，这对于提高施工效率至关重要。通过数据化管理系统和协同办公平台，施工现场可以实现更高效的监测、管理和协作。

数据化管理系统允许施工现场实时监测和管理各项工作进度、质量和安全情况。通过传感器和监测设备，施工人员可以收集大量的数据，包括材料使用情况、机械设备状态、工人出勤情况等。这些数据可以被整合到一个统一的管理系统中，使得施工管理人员能够随时了解项目的进展和问题，并及时采取相应的措施。数据化管理系统还可以通过数据分析和预测模型来优化施工计划，提前发现潜在问题，从而避免延误和成本增加。

协同办公平台在多个部门和团队之间实现了信息共享和协作。通过该平台，不同部门的工作人员可以实时交流、共享文档和数据，并进行协同编辑和审批。这种方式消除了传统沟通方式中的时间和空间限制，减少了信息传递的延误和错误。工程师、设计师、监理人员等可以通过协同办公平台实时协作，共同解决问题，提高决策效率，减少重复劳动。协同办公平台还可以与数据化管理系统进行集成，实现数据的无缝传输和共享，为团队提供准确的基础数据支持。

二、提升施工质量

在公路桥梁施工中，提升施工质量是至关重要的。优质的施工质量不仅能够保证桥梁的稳定性和安全性，还能够延长其使用寿命，减少后期维护成本。

（一）先进的材料和工艺

公路桥梁的材料和工艺在施工质量中扮演着重要的角色。然而，传统的材料和工艺往往满足不了不断增长的工程需求，容易导致开裂、变形等问题的出现。幸运的是，技术创新带来了一系列先进的材料和工艺，例如高性能混凝土和预应力技术，它们能够显著提升桥梁的抗震性能、耐久性和承载能力。

采用高性能混凝土作为桥梁材料有许多优势。高性能混凝土具有出色的抗渗性和耐久性，能够有效防止水分、盐类和化学物质的侵蚀，从而减少维修次数和成本；高性能混凝土的强度和韧性较高，能够提供更好的结构稳定性和抗震性能，使得桥梁在地震等自然灾害中更加安全可靠；高性能混凝土还能够降低噪声和振动的传播，提升行车的舒适性和交通效率。

预应力技术也是一项重要的创新，可以显著改善桥梁的承载能力和稳定性，延长其使用寿命。预应力技术通过在施工过程中对混凝土构件施加预先设定的拉应力，使得混凝土在使用过程中处于压应力状态，从而增强了桥梁的抗弯能力和荷载承载能力。预应力技术还能够减少桥梁的变形和挠度，提高结构的稳定性和整体刚度。

除了高性能混凝土和预应力技术，还有许多其他的材料和工艺创新对于公路桥梁的施工质量起着积极的影响。例如，采用耐久性较高的防腐涂层可以保护桥梁钢结构免受腐蚀的侵害；引入先进的监测技术和智能化系统可以实时监测桥梁的结构健康状况，及时发现潜在问题并采取措施进行修复和维护。

（二）先进的施工方法和装备

先进的施工方法和装备在公路桥梁施工中起着重要作用，它们能够显著提高施工效率和施工质量。相比传统施工方式，这些创新技术为施工过程带来了许多优势。

1.机械化施工

机械化施工是通过利用各种机械设备和工具来代替传统的人工劳动，实现公路桥梁施工的一种先进方式。在机械化施工中，大型起重机和模块化施工技术被广泛应用。

大型起重机是机械化施工中常见的设备之一。它们具有强大的承载能力和灵活性，可以快速、高效地安装桥梁构件。相比传统的人工搬运，起重机能够减少施工时间和劳动强度，提高施工效率。起重机还能够提供更大的施工力量，保证了桥梁构件的稳定性和精确度，从而提高了施工质量。

另一个关键的机械化施工技术是模块化施工。在模块化施工中，将整个桥梁划分为多个模块，然后在工厂中预制这些模块，最后再进行现场组装。模块化施工可以大大缩短施工周期，降低施工风险。通过在工厂中进行质量控制和精确加工，可以保证模块的质量和尺寸的一致性。模块化施工还可以减少现场施工对交通的影响，提高安全性。

2.无人机巡检

无人机巡检是一种利用无人机技术对桥梁施工进行监测和巡视的先进方法。通过搭载各种传感器和摄像头，无人机可以实现对施工现场的全方位监测，提高巡检效率和准确性。

在桥梁施工中，无人机可以通过航拍高清图像和视频，捕捉施工过程中的细节和问题。它们可以飞越难以到达的区域，并在不同角度和高度上获取图像和数据。这些数据可以用于及时发现施工中的结构缺陷、材料破损、安全隐患等问题。通过无人机巡检，施工方可以快速了解施工现场的情况，及时采取措施进行修复和调整，保证施工质量。

无人机巡检具有许多优势。无人机可以在较短的时间内完成大范围的巡检，大大提高了巡检的效率；无人机可以避免人力巡检可能面临的危险和困难，如高空作业或危险环境；无人机可以搭载各种传感器，如红外热像仪和激光扫描仪，用于检测桥梁结构的温度变化和形态偏差等问题，提高巡检的准确性。

3.3D 打印技术

3D 打印技术在公路桥梁施工中的应用是一项创新且具有前瞻性的技术。通过使用 3D 打印技术，可以直接将建筑材料按照设计要求进行精确打印，实现高度定制化的构件制造。

在传统的桥梁施工中，需要人工加工和组装各种构件，耗费大量的人力和时间。而借助 3D 打印技术，将建筑材料直接转化为所需的构件，可以减少人力和时间成本，提高施工效率。

3D 打印技术可以实现复杂形状和结构的构件制造，如曲线形状或空洞结构等，这些形状对于传统加工方式来说往往难以实现。由于是根据设计要求进行精确打印，可以保证构件的尺寸和几何形状的一致性，提高施工质量；3D 打印技术还可以减少材料浪费，因为只需打印所需的构件，不会产生多余的废料。

但目前在公路桥梁施工中，3D 打印技术打印速度相对较慢，可能无法满足大规模施工的需求；3D 打印设备和材料的成本也较高，需要进一步降低成本才能普及应用。

（三）先进的质量控制和管理

在公路桥梁施工中，质量控制和管理是施工质量的关键。它们能够实现对施工过程的实时监测、数据分析和自动化控制，提高质量控制的精度和效率。相比传统的人工操作方式，这些创新技术为质量控制和管理带来了许多优势。

1.建筑信息模型（BIM）

建筑信息模型是一种基于三维数字模型的先进建筑设计、施工和管理方法。在公路桥梁施工中，应用 BIM 技术可以实现对施工过程的全面监控和协调。

通过 BIM 技术，可以创建一个精确的数字模型，包括每个构件的位置、尺寸、属性等详细信息。这些数据可以在施工过程中实时更新，并与相关人员共享。通过对 BIM 模型进行实时分析，可以及时发现施工中的问题并采取相应的措施。

BIM 模型能够帮助施工方更好地规划和安排施工任务。通过可视化的方式展示施工进度和资源分配情况，可以提前发现潜在的冲突或瓶颈，并进行合理的调整。这有助于减少误差和重复工作，提高施工质量和效率。

2.物联网（IoT）

物联网技术在公路桥梁施工中的应用可以实现对施工材料和设备的实时监控和管理。通过使用传感器和互联网连接设备，可以收集各种数据，并将其传输到云端进行分析。

在公路桥梁施工中，可以使用各种传感器来监测施工现场的温度、湿度、压力等参数。这些传感器可以实时收集数据并通过无线网络将数据传输到云端。在云端，可以对这些数据进行分析和处理，以发现任何异常情况或潜在问题。

通过物联网技术，可以及时发现施工中的异常情况，如材料破损或设备故障。例如，如果某个构件的温度异常升高，可能意味着存在结构问题或其他不良因素。通过及时获取这些数据并进行分析，可以立即采取相应的措施进行修复，以保证施工质量的稳定性和一致性。

物联网技术还可以实现对施工设备的远程监控和管理。通过将设备连接到互联网，可以实时监测设备的运行状态、能源消耗等信息。如果设备出现故障或异常，可以远程诊断并采取措施进行维修或更换。这有助于提高设备的可靠性和运行效率，从而保证施工进度和质量。

3.数据分析与人工智能（AI）

通过对施工过程中的数据进行分析，可以发现潜在的问题并采取预防措施。例如，通过监测桥梁结构的变形情况，利用机器学习算法分析历史数据，可以预测未来可能出现的结构变形情况。这使得施工方能够及时调整施工计划和方法，确保施工质量。

数据分析和人工智能技术还可以根据历史数据和模型进行预测和优化。通过分析大量的施工数据和使用深度学习等技术，可以构建准确的模型来预测施工过程中的问题，如材料破损或结构缺陷。这样，施工方可以提前采取措施来避免潜在的质量问题，从而提高施工质量。

数据分析和人工智能技术还可以帮助施工方进行优化决策。通过分析施工数据，可以识别出影响质量的关键因素，并根据模型提供的建议进行相应调整。这使得施工方能够优化资源分配、施工进度和工艺流程，最大限度地提高施工质量。

三、增强工程安全性

随着技术的不断创新和发展，公路桥梁施工的安全性得到了极大的提升。下面将从几个方面介绍技术创新如何增强工程安全性。

（一）引入先进的安全设备

传统的公路桥梁施工中存在一些高风险的作业环节，比如高空作业、爆破拆除等，这些作业容易造成人员伤亡和事故发生。而通过引入先进的安全设备，可以有效地降低这些风险。

例如，使用无人机进行悬索桥缆的巡检，可以避免人员高空作业的风险。传统的悬索桥缆巡检需要工人在高空中进行，存在着极大的危险性。而利用无人机进行巡检，可以实现全程无人参与，既确保了巡检的准确性和全面性，又保证了工人的安全。

还可以引入一些智能化的安全设备，如高空安全网、防坠器材等，用于保护工人在高空作业过程中的安全。这些设备能够有效地防止人员坠落，并及时发出警报，提醒工人注意安全。

（二）实施智能监控系统

智能监控系统的引入可以实时监测施工现场，及时发现并解决安全隐患，保障工程施工的安全性。

通过在施工现场布设监控摄像头和传感器，可以实时监测各个施工环节的情况，如材料运输、施工机械的使用等。一旦发现异常情况，系统会自动报警并通知相关人员进行处理。这样可以及时发现潜在的安全隐患，避免事故发生。

智能监控系统还可以利用图像识别技术和人工智能算法，对施工现场进行实时分析和判断。比如，可以通过图像识别技术检测工人是否佩戴安全帽、是否按规定操作等，一旦发现违规行为，系统会立即报警，提醒工人注意安全。

四、推动行业发展

随着科技的不断进步，技术创新对公路桥梁施工行业的发展具有重要意义。这种技术创新不仅可以提高施工效率、质量和安全性，还能够带来更多的可能性和机遇，推动整个行业向前发展。

技术创新为公路桥梁施工带来了新的材料、设备和技术，使得施工过程更加高效、便捷和精确。例如，随着新型材料的研发和应用，如高强度混凝土、预应力钢筋等，可以提高桥梁的承载能力和耐久性，同时减少施工时间和成本。而先进的施工设备和技术，如自动化施工机械、无人机测量等，也能够提高施工效率和准确度，降低劳动强度和风险。这些新的材料、设备和技术的引入，为公路桥梁施工提供了更多的选择和创新空间，推动了整个行业的发展。

技术创新促使传统施工企业进行转型升级，加强研发能力和创新意识。在竞争激烈的市场环境下，传统施工企业面临着挑战和机遇。通过技术创新，企业可以提高自身的竞争力，增加市场份额。因此，许多传统施工企业开始注重研发投入，加强与科研院所、高校等合作，引进先进的技术和设备，培养创新人才，推动企业的转型升级。这种转型升级不仅提高了企业的核心竞争力，还促进整个行业的发展。

技术驱动的行业发展有助于提升整体施工水平，满足社会对公路桥梁的需求。随着城市化进程的加快和交通需求的增长，公路桥梁建设的规模和质量要求不断提高。技术创新可以提供更好的解决方案，满足社会对安全性、可持续性和美观性的要求。例如，随着智能化技术的应用，公路桥梁可以实现远程监控、故障预警和维护管理，提高运行效率和安全性。技术创新还可以推动公路桥梁的功能拓展，如光伏发电、智能交通管理等，提高公路桥梁的综合效益。

最后，技术创新推动了相关产业链的发展。公路桥梁施工涉及多个领域和行业，包括材料供应商、设备制造商、工程咨询公司等。技术创新不仅带动了这些行业的发展，也促进了产业链的协同发展。例如，新材料的应用需要与材料供应商密切合作，先进设备的引进需要与设备制造商进行合作，工程咨询公司则为施工过程提供专业服务。这种协同发展有助于形成一个完整的产业生态系统，推动整个行业的可持续发展。

第二节　公路桥梁施工技术现状分析

一、传统施工技术

在公路桥梁建设中，传统施工技术一直扮演着重要角色。下面将对传统施工技术进行详细分析，包括预制桥梁和现浇桥梁两种常见的施工方式。

（一）预制桥梁

1.技术原理

预制桥梁是一种在工厂或施工现场提前制作好构件，然后进行拼装的施工方式。与传统的现浇桥梁相比，预制桥梁具有许多优势。

预制桥梁可以提高工程质量和施工效率。由于在工厂内进行制作，预制构件可以受到更加严格的质量控制，确保其强度和耐久性。预制构件的制作过程可以与现场施工同时进行，节省了大量的施工时间，提高了工程进度。

预制桥梁可以减少对现场模板和支撑设备的需求。传统的现场浇筑需要大量的模板和支撑设备来固定混凝土，在使用过程中需要不断拆卸和移动，增加了施工难度和时间。而预制桥梁的构件在工厂内制作完成后，可以直接运输到现场进行拼装，减少了对这些设备的依赖。

预制桥梁还可以降低对施工现场的影响。传统的现场浇筑会产生大量的噪声、粉尘和废水等环境污染物，对周边环境和居民生活造成影响。而预制桥梁的制作过程主要在工厂内完成，减少了对现场的施工干扰和污染。

2.特点和应用

预制桥梁施工技术具有以下特点和应用范围。

（1）施工速度快

预制桥梁的构件在工厂环境下提前制作完成，减少了现场施工时间。这样可以大幅缩短工期，提高项目进展速度。对需要紧急修复或者快速恢复交通的情况，预制桥梁施工技术能够有效应对。

（2）质量可控

在工厂环境下制作构件，可以更好地控制材料质量和施工工艺。相比于现场施工，预制桥梁施工技术能够提供更高的质量保证。由于使用标准化的生产流程和严格的质量控制措施，预制桥梁的质量更加稳定和可靠。

（3）适用范围广

预制桥梁适用于不同类型、跨度和载荷要求的桥梁，具有很强的适应性。根据实际需要，可以灵活选择合适的预制构件进行组装，满足不同的设计要求。预制桥梁技术适用于公路、铁路、城市道路等各种桥梁工程。

预制桥梁也存在一些局限性，具体如下。

（1）构件尺寸和重量限制

由于运输和安装条件的限制，较大尺寸和重量的构件难以实现。特别是对于大跨度或者特殊形状的桥梁，可能需要采用其他施工方法。

（2）运输和安装成本高

由于预制桥梁需要专门的设备和人力进行运输和安装，造成额外的成本投入。这涉及起重设备、运输车辆、吊装等方面的费用，可能增加项目的总体成本。

（二）现浇桥梁

1.技术原理

现浇桥梁是采用一种在施工现场进行混凝土浇筑的技术，直接形成桥梁整体结构。其技术原理包括以下步骤。

（1）模板搭设

根据桥梁设计要求，在施工现场搭设模板，用于支撑和固定混凝土。模板的搭设需要考虑桥梁的几何形状、荷载要求等因素，并且要确保模板的稳定性和可靠性。

（2）钢筋布置

在模板内设置钢筋骨架，以增加混凝土的强度和承载能力。钢筋布置需要按照设计图纸的要求进行，包括主梁、横梁、纵梁等部位的钢筋配置。钢筋的正确布置对于保证桥梁的力学性能至关重要。

（3）混凝土浇筑

将预先调配好的混凝土倒入模板中，通过振捣等方式使其充分密实。混凝土的浇筑需要控制施工工艺，确保混凝土均匀分布、无空隙、无孔洞，并且尽量减少混凝土温度差异和收缩裂缝的产生。

（4）养护保养

对新浇筑的混凝土进行养护保养，使其逐渐获得设计强度。养护包括控制混凝土表面水分蒸发、覆盖保温、喷水养护等方式，以确保混凝土的早期强度和长期耐久性。

2.特点和应用

现浇桥梁技术具有以下特点和应用范围。

（1）结构灵活性高

现浇桥梁技术适用于各种类型的桥梁，能够满足复杂桥梁结构的需求。通过在现场进行混凝土浇筑，可以实现更加灵活的构件形状和尺寸，适应不同跨度、曲线、斜度等要求。

（2）施工过程可控性强

现浇桥梁施工过程中，可以根据实际情况调整施工进度和质量控制。由于施工在现场进行，可以及时发现和解决问题，确保施工质量。同时，可以根据需要进行合理的施工顺序和施工方法，提高施工效率。

（3）可适应不同环境条件

现浇桥梁适应能力强，可以在各种地理和气候条件下施工。无论是山区、河谷、平原还是海岛，无论是严寒地区还是高温潮湿地区，现浇桥梁都能够适应并完成施工任务。

现浇桥梁技术也存在一些局限性，由于需要现场进行混凝土浇筑和养护，施工周期相对较长。与预制桥梁相比，现浇桥梁需要更多的时间进行施工，因此在项目计划和工期安排上需要考虑到这一点。

现浇桥梁施工过程需要大量的模板和支撑设备，并且对现场环境要求较高。需要进行严密的模板搭设、钢筋布置和混凝土浇筑，同时还需要保证施工现场的安全和整洁。

二、先进施工技术

（一）钢箱梁快速架设技术

钢箱梁是一种常见的桥梁结构形式，传统的施工方式需要在现场进行混凝土浇筑，导致工期较长。随着钢箱梁快速架设技术的引入，这一问题得到了很好的解决。该技术采用预制钢箱梁，在工厂内进行加工和预应力处理，然后通过吊装等方式迅速安装到桥墩上，从而大大缩短了施工周期。

钢箱梁快速架设技术具有许多优势。由于预制钢箱梁在工厂内进行加工，可以实现标准化、规模化生产，提高了施工效率和质量控制水平；钢箱梁经过预应力处理，具有良好的抗弯能力和承载能力，使得桥梁更加稳固耐用；该技术还可以减少对交通的影响。由于钢箱梁的快速架设，施工时间大大缩短，道路封闭时间减少，降低了交通堵塞和行车延误的风险。

钢箱梁快速架设技术在实际应用中取得了显著的成果，它不仅在高速公路和城市道路的桥梁建设中广泛应用，还被运用于铁路、地铁和轻轨等交通基础设施的建设中。其快速、高效的特点使得钢箱梁成为当前先进施工技术的代表之一。

但由于钢箱梁需要在工厂内进行加工和预应力处理，对生产设备和技术要求较高，增加了施工成本。钢箱梁的安装过程需要合理的吊装方案和专业的施工团队，对施工人员的技术水平有一定要求。因此，在推广应用该技术时，需要充分考虑上述因素，并制定相应的管理措施和培训计划。

（二）预应力混凝土桥梁技术

预应力混凝土桥梁技术是一种通过在施工过程中给混凝土施加预先设定的

拉应力或压应力来增强桥梁的承载能力和抗震性能的先进技术。相比传统的钢筋混凝土桥梁，预应力混凝土桥梁具有更高的强度和刚度，使其能够跨越更大的跨度，同时还能减小结构变形，提高桥梁的使用寿命。

预应力混凝土桥梁技术的核心思想是在混凝土浇筑前，在桥梁构件中埋设钢缆或钢束，并通过张拉钢缆或钢束产生预先设定的拉应力。这种拉应力能够抵消桥梁荷载引起的内力，使得桥梁结构处于一个预压状态，从而增加了桥梁的整体强度和刚度。通常，预应力混凝土桥梁采用两种基本类型的预应力：先张预应力和后张预应力。

先张预应力是指在混凝土浇筑之前，将钢缆或钢束通过预先设置的锚固点张拉至一定的拉力，并将其固定在桥墩或锚固设施上。随后，混凝土浇筑完成后，钢缆或钢束的张拉力被释放，使其施加预应力于混凝土构件中。

后张预应力是指在混凝土浇筑完全硬化之后，在桥梁构件上设置张拉孔，并通过张拉设备将钢缆或钢束穿过孔洞并张拉到一定的拉力，然后进行锚固。这种方法可以调整和修正混凝土构件的内力分布，并提高桥梁的整体性能。

预应力混凝土桥梁技术的优势主要体现在预应力混凝土桥梁具有更高的承载能力，能够跨越较大的跨度，减少了桥梁支座数量，提高了通行效率；由于预应力混凝土桥梁处于预压状态，其结构变形较小，延长了桥梁的使用寿命；预应力混凝土桥梁还具有良好的抗震性能，能够在地震等自然灾害中保持较好的稳定性。

在采用预应力混凝土桥梁技术时有一些注意事项。施工过程中的预应力控制和调整需要高度精确，对施工人员的技术要求较高；预应力混凝土桥梁的设计和施工需要综合考虑多种因素，包括荷载、环境、材料等，以确保桥梁的安全可靠性；桥梁的维护和保养也是至关重要的，以确保预应力系统的长期稳定性和使用寿命。

（三）钢-混凝土组合结构技术

钢-混凝土组合结构技术是一种将钢结构和混凝土结构有机地结合在一起的先进技术。通过充分发挥钢结构和混凝土结构各自的优点，该技术能够实现桥梁结构的轻量化、抗震性能的提高，并且具有简化施工工序、缩短工期等优势。

在钢-混凝土组合结构中，钢结构承担主要的受力部分，而混凝土结构则用于增加整体的刚度和稳定性。钢结构具有较高的强度和刚度，可以有效地承受桥梁的荷载。同时，由于钢材的轻量化特性，可以减小桥梁自重，降低了对基础的要求。混凝土结构则用于填充和保护钢结构，使其受到良好的防腐蚀和防火保护。混凝土还具有较好的耐久性和隔声性能，能够延长桥梁的使用寿命并提供更好的行车环境。

钢结构在长期使用过程中可能受到腐蚀和疲劳的影响，因此需要加强维护和监测。在选择合适的钢材和混凝土材料时，需要考虑其相互兼容性和耐久性。

第三节　施工过程中的新技术应用

一、桥梁设计

桥梁设计是公路桥梁施工过程中的关键环节，它直接影响着桥梁的安全性、可靠性和使用寿命。随着科技的不断进步和创新，越来越多的新技术被应用于桥梁设计中，以提高设计效率、准确性和可持续性。

（一）结构分析

传统的桥梁设计方法主要依赖于人工经验和简化的计算方法，这种方式存在一定的局限性。在传统设计中，工程师通常根据经验和规范来选择合适的断面形状、材料和尺寸，然后进行简化的计算以确定结构的受力情况和变形情况。

然而，这种方法忽视了复杂结构的细节和非线性行为，无法全面考虑各种不同的荷载条件和材料特性对桥梁的影响。因此，在现代桥梁设计中，有限元分析成为了一种重要的工具。

有限元分析是一种基于数值计算和模拟的方法，可以将复杂的结构分解为小单元（有限元），通过对这些小单元的受力和变形进行数值计算，可以更准确地预测整个结构的受力情况和变形情况。

在有限元分析中，桥梁结构被离散化为一个由节点和单元组成的网格模型。每个节点表示结构的一个特定位置，而单元则表示连接节点的线元素或面元素。

通过施加荷载和约束条件，并根据材料的力学特性，有限元分析可以计算出结构的应力、应变、位移等参数。

有限元分析的优势在于它可以考虑到各种不同的荷载条件和材料特性。工程师可以根据实际情况设置各种荷载类型（如静荷载、动荷载、温度荷载等）以及不同的边界条件。有限元分析还能够模拟材料的非线性行为，如塑性变形、屈曲等。

通过有限元分析，工程师可以更加全面地了解桥梁的受力情况和变形情况，从而进行合理的设计和优化。他们可以通过调整结构的几何形状、材料属性和尺寸来改善桥梁的性能，确保其安全性和稳定性。

（二）材料选用

在传统的桥梁设计中，主要采用混凝土和钢材作为结构材料。随着科技的进步和工程需求的不断提高，新型材料在桥梁设计中得到了广泛应用，以满足更高的性能要求。

纤维增强复合材料是一种新型材料，在桥梁设计中具有很大的潜力。这种材料由纤维（如碳纤维、玻璃纤维等）和树脂基体组成，具有重量轻、强度高、耐腐蚀等优点。相比传统的钢结构，纤维增强复合材料可以显著减轻桥梁的自重，降低施工难度，提高桥梁抗震性能并延长桥梁使用寿命。它还具有较好的疲劳性能和耐久性，能够在恶劣环境下长期使用。因此，纤维增强复合材料被广泛应用于桥梁的梁板、桁架等结构部位。

除了纤维增强复合材料，还有其他一些新型材料在桥梁设计中得到了应用。例如，形状记忆合金是一种可以恢复原始形状的金属材料，它具有良好的变形能力和耐久性。在桥梁设计中，可以将形状记忆合金用于制造具有变形能力的桥梁构件，使其能够根据荷载条件和环境变化自适应地调整形状，提高桥梁的稳定性和可靠性。

光导纤维传感技术也被广泛应用于桥梁设计中。这种技术通过将光导纤维嵌入桥梁结构，可以实时监测应力、变形和裂缝等情况。光导纤维传感技术具有高灵敏度、快速响应和长期稳定性等优点，可以为桥梁的安全评估和维护提供重要的数据支持，帮助工程师及时发现问题并采取相应的措施。

（三）数字化设计

数字化设计是近年来桥梁设计领域的一项重要技术。它通过应用三维建模、虚拟现实和仿真等技术手段，可以更直观地呈现桥梁的形态和结构，提高设计效率和质量。

1.三维建模技术

三维建模技术是数字化设计中的核心。通过使用专业的三维建模软件，设计人员可以创建真实、精确的桥梁模型，为后续的分析和优化提供基础。

三维建模技术可以准确地表示桥梁的几何形状、结构组成和材料属性等信息。设计人员可以根据实际情况，按照桥梁的设计要求和规范，构建出精细的桥梁模型。这些模型能够呈现桥梁的各个部分，包括桥墩、桥台、桥梁梁段等，以及它们之间的连接方式。通过三维建模，设计人员可以更加直观地了解桥梁的形态和结构。

在桥梁设计中，受力情况和变形情况是需要特别关注的方面。通过三维建模，设计人员可以模拟施加在桥梁上的各种荷载条件，如静荷载、动荷载和温度荷载等。他们可以对桥梁模型进行力学分析，计算出桥梁的应力、应变、位移等参数。这些分析结果可以帮助设计人员更好地了解桥梁的受力情况，发现潜在的问题，并进行相应的改进和优化。

通过三维建模技术，设计人员还可以进行桥梁的虚拟漫游和视觉呈现。他们可以从不同角度观察和检查桥梁模型，了解其各个部分的形态和细节。设计人员还可以根据需要，在桥梁模型上进行动画展示，模拟桥梁在实际运行中的变形和响应。这种虚拟漫游和视觉呈现能够帮助设计人员更好地理解桥梁的结构和性能。

2.虚拟现实技术

虚拟现实技术在数字化设计中通过将设计模型转化为虚拟环境，为设计人员和决策者提供了一种沉浸式的体验，以评估不同设计方案的优劣。

通过使用虚拟现实头盔或其他交互设备，设计人员可以进入虚拟环境，仿佛置身于真实的桥梁场景中。他们可以亲身体验桥梁的形态、结构和运行情况，以更直观的方式感受桥梁的外观和功能。这种沉浸式的体验能够帮助设计人员更好地理解桥梁的特点和需求，从而更准确地评估不同设计方案的优劣。

虚拟现实技术还可以为设计人员提供交互和操作的功能。他们可以使用手柄、控制器或其他交互设备，在虚拟环境中进行桥梁的模型操作和变换。设计人员可以自由移动、缩放和旋转桥梁模型，观察和分析各个部分的结构和细节。通过这种交互方式，设计人员可以更全面地了解桥梁的特性，并进行相应的调整和优化。

除了设计人员，虚拟现实技术还可以让决策者参与到桥梁设计过程中。他们可以通过虚拟现实头盔或其他交互设备，观看设计方案的演示和展示。这样，决策者可以更直观地了解不同设计方案的外观和性能，从而做出准确的决策。

3.仿真

数字化设计的一个重要方面是仿真，它涵盖了工艺仿真、材料优化和施工路径规划等操作。通过应用仿真软件，可以模拟桥梁在不同荷载条件下的受力情况，评估结构的性能和安全性。

工艺仿真是指通过数字化技术对桥梁建造过程进行模拟和分析。设计人员可以使用专业的仿真软件，在虚拟环境中模拟桥梁的施工过程。这包括建模桥梁的组装、浇筑混凝土、安装预应力钢束等过程。通过工艺仿真，设计人员可以检查施工过程中可能出现的问题，如构件之间的干涉、施工顺序的合理性等。他们可以进行优化，使得施工更加高效和安全。

材料优化是指通过数字化设计分析不同材料的性能和成本，以选择最佳的材料组合。在数字化设计中，设计人员可以使用材料数据库和模拟软件，比较不同材料在桥梁结构中的表现。他们可以评估不同材料的强度、刚度、耐久性等特性，并考虑成本因素。通过材料优化，设计人员可以选择最合适的材料组合，以提高桥梁的性能和经济性。

施工路径规划是指通过数字化设计模拟和优化桥梁的施工过程。设计人员可以使用虚拟环境和仿真软件，模拟施工场地的情况，并制定最佳的施工顺序和方法。他们可以考虑施工设备的布置、施工道路的选择、施工步骤的安排等因素。通过施工路径规划，设计人员可以提高施工效率和质量，减少施工风险和成本。

二、绿色施工

绿色施工是指在公路桥梁施工过程中采用环保、可持续的技术和材料，以减少对环境的污染和资源的消耗。随着社会对环境保护的重视程度不断提高，绿色施工成为公路桥梁建设的一个重要方向。

（一）水泥稳定碎石料

水泥稳定碎石料是一种新型材料，利用水泥作为黏结剂，将碎石料与水泥混合而成。相比传统的砂石料，水泥稳定碎石料具有多方面的优势，不仅能延长公路桥梁的使用寿命，还能减少对环境的负面影响。

水泥稳定碎石料具有良好的抗冻性能和承载力。在寒冷地区或气候条件较恶劣的地方，水泥稳定碎石料能够更好地抵御冻融循环的损害，减少路面的开裂和变形，提高道路的使用寿命。由于水泥的加入，使得碎石料之间形成了更紧密的连接，增强了材料的承载能力，使公路桥梁能够承受更大的荷载，减少了路面塌陷的风险。

使用水泥稳定碎石料可以减少水泥的使用量，从而降低能源消耗和二氧化碳排放。传统的公路建设过程中需要大量使用水泥来黏结砂石料，然而水泥的生产过程需要消耗大量的能源，并且会释放出大量的二氧化碳。而采用水泥稳定碎石料可以减少水泥的使用量，从而降低了能源的消耗和二氧化碳的排放，有利于节能减排。

水泥稳定碎石料还具有较好的可再生性和可回收性。在道路维修或拆除时，可以将旧的水泥稳定碎石料进行回收再利用，减少了废弃物的产生，提高了资源的利用效率。水泥稳定碎石料也可以与其他材料进行混合使用，形成多种功能性的复合材料，进一步扩展了其应用领域。

（二）微生物修复技术

在公路桥梁施工过程中，土壤的污染和破坏是一个常见的问题。为了解决这个问题，可以采用微生物修复技术。该技术利用特定的微生物来降解土壤中的有害物质，恢复土壤的生态功能。通过施加适量的微生物菌剂，可以加速土壤中有害物质的分解和转化，减少对环境的污染。

微生物修复技术具有高效、环保的特点。传统的土壤修复方法往往依赖于化学物质，如化学吸附剂或氧化剂等，但这些方法存在着成本高、操作复杂以及对环境造成二次污染的问题。而微生物修复技术则能够利用土壤中本身就存在的微生物资源，通过增加特定微生物的数量和活性来促进土壤的自然修复过程，从而避免了对环境的进一步破坏。

微生物修复技术具有较强的适应性和可持续性。不同类型的土壤污染可能涉及不同种类的有害物质，而微生物修复技术可以根据具体情况选择适应性强的微生物菌株，使其能够更好地适应土壤环境并发挥修复作用。由于微生物具有较高的繁殖速度和自我修复能力，施加了微生物菌剂，它们可以在土壤中不断繁殖和活动，实现长期的修复效果。

相比于传统的土壤修复方法，微生物修复技术所需的投入成本相对较低，且操作简单易行。只需要在污染土壤中施加适量的微生物菌剂，并进行适当的管理和监测，就可以实现有效的土壤修复效果。这为公路桥梁施工中的土壤修复提供了一种经济、快速的解决方案。

（三）环保涂料

在桥梁建设中，表面涂覆一层环保涂料可以起到保护作用，防止桥梁结构受到外界环境的侵蚀。传统的涂料中含有有机溶剂和重金属等有害物质，会对环境造成污染。而环保涂料采用水性或无溶剂型配方，不含有害物质，可以有效减少对环境的污染。

环保涂料采用水性或无溶剂型配方，不含有机溶剂。传统涂料中的有机溶剂在施工过程中会挥发出来，形成 VOC（挥发性有机化合物）的排放，对空气质量和人体健康造成危害。而环保涂料使用水性配方或无溶剂型配方，不产生有机溶剂的挥发，大大减少了 VOC 的排放，对环境和人体健康更加友好。

环保涂料不含重金属等有害物质。传统涂料中常常含有铅、汞、铬等重金属，这些重金属对土壤和水体具有较高的毒性，对生态环境造成严重的污染。而环保涂料在配方中不含有害物质，通过采用无毒、无害的成分，有效减少了对土壤和水体的污染，保护了生态环境。

环保涂料具有良好的耐候性和防腐性能。桥梁作为长期暴露在外的建筑结构，容易受到风吹日晒和酸雨等自然因素的侵蚀。传统涂料在长时间的暴露下会出现开裂、脱落等问题，导致桥梁结构的损坏。而环保涂料经过科学配方和改进工艺，具有较好的耐候性和防腐性能，能够有效保护桥梁结构，延长其使用寿命。

第四节　节能减排与资源回收利用

一、节能减排

公路桥梁施工过程中，能源消耗和排放的二氧化碳等温室气体是不可忽视的问题。为了实现可持续发展，采取节能减排措施成为必然选择。

（一）优化施工方案

优化施工方案是一项重要的举措，它可以通过合理安排施工顺序和时间来避免不必要的能源浪费。在施工前进行详细的规划和设计也能减少后期的返工和修补，从而提高施工效率，降低能源消耗。

通过对施工流程进行科学规划，可以最大限度地减少能源的浪费。例如，在施工时将具有相似作业性质的工序集中进行，可以减少设备的频繁启停，从而降低能源消耗。根据施工区域的特点和气候条件，合理选择施工时间，避免高温或恶劣天气条件下的施工，以减少能源的使用量。

在施工前，应进行全面的勘察和调研，了解施工区域的地质情况、周边环境等因素，制订合理的施工方案。通过细致的设计，可以避免施工过程中出现问题，减少后期的修补和返工次数。科学合理地选择节能环保的施工材料和设备也是降低能源消耗的重要措施。

（二）使用新型材料

在公路桥梁施工中采用新型材料是一项有效的措施，能够降低施工过程中的能量消耗和污染物排放。这些新型材料包括复合材料等，具备出色的强度和耐久性，不仅可以提高施工效率，还有助于减少能源消耗和环境影响。

利用复合材料是一种有效的方式。复合材料由两种或多种不同材料组合而成，具有较高的强度和轻质化的特点。在公路桥梁的建设中，使用复合材料可以减少结构重量，从而降低施工过程中的能源消耗。复合材料还具备优异的耐腐蚀性和耐久性，可以延长桥梁的使用寿命，减少后期维护和修缮所需的能源和资源。因此，广泛应用复合材料有助于提高施工效率，减少对环境的影响。

新型材料的使用还可以推动施工技术的创新和发展。随着科技的进步，不断涌现出更加先进的材料和工艺，如纳米材料、3D 打印等。这些新技术可以提高材料的性能和施工的精度，从而进一步减少能源消耗和环境污染。因此，在公路桥梁施工中积极引入新型材料和技术，不仅有利于节约能源，还能够推动行业的可持续发展。

（三）推广节能设备

在公路桥梁施工中，推广使用节能设备是一种有效的节能减排措施。通过采用低功率、高效率的机械设备替代传统设备，并应用先进的施工技术和工艺，可以显著减少能源消耗和实现减排。

传统的施工设备常常存在能耗高、效率低的问题。而引入低功率、高效率的机械设备可以有效减少能源消耗。例如，选择使用动力性能更好、燃油消耗更低的工程车辆和机械设备，可以提高施工效率的同时减少燃料的使用量。采用新型的智能化设备，如自动化搅拌站、智能化施工机器人等，不仅可以减少能源消耗，还能提高施工精度和效率。

优化施工流程也是推广节能设备的重要环节。通过合理安排施工顺序、减少设备的闲置时间，可以提高施工效率，减少能源浪费。加强对施工人员的培训和技术指导，提高他们对节能设备的使用和维护能力，也能够进一步减少能源消耗。

二、资源回收利用

公路桥梁施工过程中会产生大量的废弃物和剩余材料，如混凝土碎石、钢筋等。合理的资源回收利用可以减少资源浪费和环境污染。

（一）混凝土废弃物回收利用

混凝土废弃物回收利用是一项重要的环保措施，通过对废弃的混凝土碎石进行再加工，制成再生骨料，可以实现资源的循环利用，减少对天然石料的需求，并降低废弃物对环境的影响。

废弃的混凝土碎石通常被视为废弃物，如果不加以处理就会占用大量的土地资源并可能对环境造成污染。而将其进行回收利用，可以充分发挥其价值，同时减少对自然石料的开采。回收利用的过程主要包括以下几个步骤。

1.清理和分类

清理过程包括去除杂质、油污等，以确保再生骨料的质量符合相关标准。分类的目的是根据混凝土碎石的粒径进行分级，以便在后续的再加工中能够更好地应用。

2.加工

通常采用机械破碎设备将混凝土碎石进行粉碎，使其达到适当的粒径。在加工过程中，可以根据需要进行筛分和梳理，以获得符合要求的再生骨料。

3.用于新的混凝土施工

再生骨料可以替代部分天然石料，在混凝土配制中起到填充和支撑的作用。通过控制再生骨料的使用量和比例，可以保证混凝土的强度和性能满足设计要求。

混凝土废弃物的回收利用不仅有助于节约资源和减少环境污染，还可以带来经济效益。再生骨料的成本相对较低，可以降低施工成本。通过回收利用混凝土废弃物，也可以减少建筑垃圾的产生，缓解垃圾处理压力，促进循环经济的发展。

（二）钢筋回收利用

大量的废弃钢筋可以通过适当的处理和加工进行回收，再次应用于新的工程中，从而减少资源消耗、节约成本并降低环境影响。

通过钢筋回收利用，可以充分发挥废弃钢筋的价值，同时减少对原生钢材的需求。回收利用的过程主要包括以下几个步骤。

1.清理和分类

清理过程涉及去除表面的污垢、油漆等，以确保回收钢筋的质量符合相关标准。分类的目的是根据钢筋的尺寸、规格和性能进行区分，以便在后续的加工和利用中能够更好地应用。

2.加工

再加工可以采用机械剪切、清理等工艺，将废弃钢筋进行加工和整理，使其符合再利用的要求。这可能涉及去除锈蚀层、裁剪、折弯等步骤，以确保回收钢筋的性能和质量达到应用标准。

3.应用于新工程中

回收的钢筋可以经过检验和测试后，与新的钢筋一起使用，用于公路桥梁等建设项目的构造部分。通过控制回收钢筋的比例和使用位置，可以确保新工程的结构安全和性能要求得到满足。

（三）废弃物分类处理

通过将可回收的材料进行分离和回收利用，如纸板、塑料等，可以减少资源的浪费并降低环境污染。同时，在选择废弃物处理方式时，要合理考虑不同材料的性质和环境影响，如焚烧发电、填埋等，以减少对环境的负面影响。

在施工现场，应根据废弃物的类型和性质进行分类，将可回收的材料与其他垃圾分离开来。例如，纸板、塑料、金属等可回收的材料可以专门设置回收容器进行收集，并将其送往相应的回收站进行再利用。这样可以避免这些有价值的材料被当作垃圾处理，从而减少资源的消耗。

对于不可回收的废弃物，应根据材料的特性和环境要求选择合适的处理方式。例如，对于有机废弃物，可以采取堆肥处理，将其转化为有机肥料；对于危险废弃物，应采取专门的处理方式，确保安全环保；对于可燃废弃物，可以考虑利用焚烧发电技术，将其转化为能源；对于不可回收或处理的废弃物，则需要选择合适的填埋场进行妥善处理。

在进行废弃物分类处理时，还需要加强宣传和教育工作。通过开展员工培训和宣传活动，提高施工人员对废弃物分类处理的意识和重要性。建立健全管理制度和监督机制，确保分类处理措施得到有效实施。

（四）节约水资源

通过使用雨水收集系统，可以将雨水有效地应用于施工过程中的冲洗、清洁等工作，减少对自来水的依赖和使用。

通过设置雨水收集设备，如雨水桶、水池或蓄水池，可以将下雨时积累的雨水进行收集和储存。这些收集的雨水可以用于施工现场的各种需要，例如冲洗设备、清洁工作、灌溉等。通过合理规划和设计雨水收集系统，可以最大限度地利用自然资源，减少自来水的消耗。

在施工现场，应加强员工的节水意识培养，并制定相应的节水措施和管理办法。例如，合理安排施工计划，避免不必要的浪费和过度使用水资源。使用节水设备和器具，如低流量喷头、高效洗车设备等，可以降低水的使用量，提高水的利用效率。定期检查和维护水管、阀门等设施，确保无漏水现象的发生。

加强水资源管理也是节约水资源的关键。建立健全水资源管理制度和监测系统，对施工现场的水使用情况进行实时监控和评估。通过对水的消耗量、流失量和回收利用情况进行统计分析，可以及时发现问题并采取相应的措施。还应加强与当地水资源管理部门的合作，共同推动水资源的可持续利用和保护。

第五节 可再生能源在施工中的应用

随着人们对环境保护和可持续发展的日益重视，可再生能源的应用逐渐成为全球范围内的热门话题。作为一种清洁、可持续且几乎不会耗尽的能源形式，可再生能源在各个领域都有着广泛的应用。公路桥梁作为交通基础设施的重要组成部分，也可以通过利用可再生能源来提高施工效率、减少能源消耗和降低对环境的影响。

一、太阳能的应用

太阳能作为一种可再生能源，具有清洁、安全、可持续等特点，在各个领域都得到了广泛的应用。公路桥梁作为交通建设的重要组成部分，也可以通过应用太阳能技术来实现节能减排、提高施工效率等目标。

（一）光伏发电系统

光伏发电系统是太阳能应用的核心技术之一。它通过将太阳能转化为电能，为公路桥梁施工提供所需的电力。光伏发电系统主要由太阳能电池板、逆变器、储能设备等组成。在公路桥梁施工中，光伏发电系统可以应用于以下方面。

1.施工现场的电力供应

在公路桥梁施工中，传统的电力供应方式存在着线路布设困难和运行成本高等问题。为了满足大量的电力需求，如临时照明和电动工具使用等，太阳能光伏发电系统是一个很好的选择。太阳能光伏发电系统能够直接利用自然光资源，无须接入电网，提供稳定可靠的电力供应。

太阳能光伏发电系统通过太阳能电池板将太阳能转化为电能，再通过逆变器进行电能输出。这种系统具有以下优势。

（1）节能环保

太阳能光伏发电系统利用太阳能作为能源，无须燃料消耗，从而减少了对传统能源的依赖。与传统的电力供应方式相比，太阳能光伏发电系统无排放、无噪声，具有较低的环境影响，符合可持续发展的理念。

（2）经济可行

虽然太阳能光伏发电系统的建设和安装成本较高，但是在长期运行中可以降低运营成本。太阳能资源充足且免费，不需要额外的燃料投入。而且随着太阳能技术的不断发展和成熟，光伏发电系统的发电效率也在不断提高，进一步降低了成本。

2.施工设备动力驱动

在公路桥梁施工中，使用各种动力设备如起重机、挖掘机等是不可避免的。传统的燃油动力方式存在着排放污染问题以及频繁加注燃油的劣势。与之相比，太阳能光伏发电系统可以为这些设备提供清洁的电力驱动，减少对环境的影响。

太阳能光伏发电系统将太阳能转化为电能，为施工设备提供可持续的、清洁的动力来源。以下是太阳能光伏发电系统在施工设备动力驱动方面的优势。

（1）环保减排

传统的燃油动力设备会产生大量的废气和排放物，对空气质量和环境造成严重污染。而太阳能光伏发电系统使用清洁的太阳能作为能源，无须燃烧燃料，因此不会产生任何污染物，有效降低了施工现场的碳排放。

（2）噪声减少

传统的燃油动力设备通常会产生噪声污染，对施工现场周围环境造成干扰和不适。太阳能光伏发电系统驱动的施工设备通常噪声较低，这对于附近居民和施工人员来说是一个重要的优势。

（二）太阳能监控系统

公路桥梁施工中，对于施工现场的安全管理和监控是非常重要的。太阳能监控系统可以利用太阳能供电，实现对施工现场的视频监控、温度监测等功能。

1.独立运行

太阳能监控系统具备独立运行的能力，无须依赖外部电力供应。即使在没有电网供电的地区，该系统仍可通过太阳能发电系统实现自给自足，确保监控系统的正常运行。这一特性大大提高了施工现场的安全性和稳定性。

传统的监控系统通常需要依赖于电网供电，而在偏远地区或者断电情况下，其正常运行将受到严重影响甚至被破中断。太阳能监控系统则不受这些限制，它利用太阳能发电系统将太阳能转化为电能，并储存起来供监控系统使用。这种自给自足的能源来源有效地解决了电力供应的问题，使得监控系统可以在任何时间和地点独立运行。

太阳能监控系统的独立运行还带来了其他诸多好处。它降低了运行成本，不再需要支付昂贵的电费；由于不依赖电网供电，系统的稳定性大大增强，避免了因电网故障或停电而导致的监控中断；太阳能发电系统的可持续性也符合环保理念，有助于减少对传统能源的依赖并降低碳排放。

2.高效节能

相较于传统的电力供应方式，太阳能发电系统具有更高的能源利用效率和更低的能耗，具有诸多优势。

该系统利用太阳能转化为电能，经过逆变器等装置将直流电转换为交流电供给监控设备使用。相比起传统的发电方式，如燃煤发电或石油发电，太阳能发电无须消耗大量的非可再生能源，减少了对环境的影响，并且能够充分利用可再生资源太阳能。这样的能源利用方式既节省了能源，也减少了对环境的负面影响。

在太阳能发电系统中，主要的能耗集中在太阳能电池板的制造和维护上，太阳能发电系统安装完成后，其运行过程中几乎没有能耗。与此相反，传统的电力供应方式需要耗费大量的能源来运行发电厂、输电线路等设施，从而导致了较高的能耗。太阳能发电系统的低能耗使其成为一种高效节能的选择，有助于减少能源浪费和环境污染。

二、风能的应用

风能是另一种常见的可再生能源形式，在公路桥梁施工中的应用主要包括以下方面。

（一）风力发电

传统的公路桥梁建设现场通常需要大量的电力供应来驱动各种机械设备和照明系统，可能会受限于供电线路的延伸或供电容量的限制。因此，利用风力发电技术来为施工现场提供电力支持是一个可行的选择。

风力发电是利用风能转换为电能的过程。通过设置风力发电机组，可以将风的动能转化为旋转的机械能，再经由发电机转化为电能。这些发电机组通常由风轮、发电机和控制系统组成。风轮根据风的作用力旋转，使得发电机内部的导线产生电流，从而产生电能。控制系统则用于监测和调整风力发电机组的运行，以确保其安全和高效。

风力发电具有较高的能量转换效率。相比于传统的火力发电或核能发电，风力发电无须燃料燃烧，减少了环境污染和温室气体的排放。同时，风力资源广泛分布，尤其在开阔地区或海洋上，风能资源更加丰富。这使得风力发电成为一种可再生的清洁能源选择，能够有效减少对传统电力的依赖。

在公路桥梁建设现场应用风力发电技术还可以带来其他好处。风力发电机组可以根据施工现场的实际情况进行灵活布置，不受供电线路限制；风力发电设备结构简单、维护成本低，具有较长的使用寿命，为公路桥梁建设现场提供可靠的电力保障。

（二）风能压缩机

在公路桥梁施工过程中，常常需要使用大量的气动工具和设备，如钻孔机、冲击器、喷涂枪等。传统上，这些气动设备通常由燃油动力驱动，但这种方式存在一些问题，如能源消耗高、排放污染物等。因此，利用风能驱动的压缩机成为一种可行的解决方案，可以减少对传统燃油动力的需求，减少能源消耗和环境污染，并提高施工效率。

风能压缩机是一种将风能转化为气动能的装置。它通过风能发电系统产生的电力，驱动压缩机将空气压缩成高压气体，然后将其储存起来供气动设备使用。与传统的燃油动力相比，风能压缩机具有以下几个显著优势。

1.成本节约

利用风能驱动压缩机可以有效降低公路桥梁施工的成本。传统的气动设备通常由燃油动力驱动，而使用风能压缩机可以避免燃油的消耗和购买成本。相比之下，风能是一种可再生的清洁能源，可以充分利用自然界中存在的风力来为压缩机提供动力。因此，在长期运行中，使用风能压缩机可以显著减少能源成本。

使用风能压缩机还可以降低维护和更换燃油动力所带来的费用支出。传统燃油动力需要定期进行维护、保养和更换燃料等，这些都会增加额外的人力和物力投入。而风能压缩机不仅无须燃油的维护，同时由于其结构简单、部件少，也减少了机械故障和损坏的风险，从而降低了维修和更换的成本。

2.施工效率提高

风能压缩机在公路桥梁施工中可以显著提高施工效率。由于风能是一种直接转化为气动能的清洁能源，利用风能驱动压缩机可以避免传统燃油动力存在的能量转化损失问题。风能压缩机能够将大部分的风能直接转化为气体动力，提供给气动设备使用，工作效率更高。这使得气动设备能够以更高的速度和更稳定的动力进行工作，从而加快施工进度。

风能压缩机具有较高的供气量和稳定性。风能压缩机通常采用高效的压缩机设计，能够产生足够的气压和气流，满足气动设备对稳定气源的需求。相比之下，传统燃油动力可能存在供气不稳定、气压波动等问题，影响了气动设备的正常运行。而风能压缩机能够提供稳定的气流，保证了气动设备在施工过程中的可靠性和一致性，从而提高了施工效率。

风能压缩机具有较快的响应速度。传统燃油动力启动时间较长，需要预热等待，影响了施工进程。而风能压缩机无须预热，只要有足够的风能供应，即可立即启动并提供气体动力。这样可以减少施工等待时间，使得施工人员能够更加高效地进行操作，加快施工进度。

3.可移动性强

风能压缩机具有可移动性，适用于各种公路桥梁施工现场。其可移动式设计使得在施工现场进行灵活布置和调整变得更加便捷。

风能压缩机采用可移动式设计，通常配备轮子或悬挂装置，便于在施工现场进行移动和布置。与传统燃油动力相比，无须连接复杂的燃油供应系统，也不需要固定安装在特定位置上。这样一来，在施工过程中可以根据需要随时将风能压缩机放置到合适的位置，满足气动设备的使用需求。

风能压缩机不受地理位置限制。由于它利用风能作为驱动源，而风能广泛分布于地球上的各个地方，因此可以在任何地点使用。不需要依赖传统的燃油供应系统和电网供电，无论是远离城市的偏远地区还是施工现场周边没有电力供应的地方，都可以灵活使用风能压缩机提供动力。这为公路桥梁施工带来了更大的便利性和灵活性。

风能压缩机的可移动性还使得施工现场可以根据需要进行调整。在公路桥梁施工中，可能需要多个施工点或者施工进度不同的区域同时进行作业。使用可移动的风能压缩机，施工人员可以根据实际需要将其调整到不同的位置，为不同施工区域提供气动设备所需的动力支持，从而实现施工任务的高效推进。

第八章 公路桥梁施工风险管理

第一节 公路桥梁施工风险的分类和评估

公路桥梁作为交通运输网络中重要的组成部分，其建设和施工过程中存在着各种风险。合理分类和评估这些风险，对于保障工程质量和安全、提高施工效率具有重要意义。

一、公路桥梁施工风险分类

（一）技术风险

技术风险是指在施工过程中由于技术方面的不确定性导致的风险。主要包括设计风险、施工工艺风险和材料质量风险等。

1.设计风险

设计风险是指在工程项目中，由于设计不合理或者设计错误而导致的施工困难或工程质量问题。在设计阶段出现不完善的情况，可能会导致施工过程中需要重新设计，从而增加额外的时间和成本。设计错误也可能使工程无法按照预期的标准和要求进行施工，进而影响最终的工程质量。

设计风险的主要原因之一是设计不合理。如果在设计阶段未能充分考虑到实际施工条件、材料特性以及工艺要求等因素，就容易出现施工困难。例如，设计时未充分考虑场地地形、地质条件和气候因素，可能导致施工过程中遇到困难，需要调整设计方案或采取额外的施工措施。

设计错误也是设计风险的重要原因之一。设计错误可能涉及计算错误、尺寸偏差、材料选用不当等问题。这些错误可能会影响工程的稳定性、安全性或功能性。例如，若设计中的结构计算有误，可能导致工程在承载力或抗震能力方面存在问题，给施工带来困难甚至危险。

设计风险的出现可能会对工程项目产生重大影响。重新设计会增加工程的时间和成本，延误工期，并可能导致合同纠纷；设计风险还可能引发其他连锁反应，如施工进度延误、额外工程变更等问题。

2.施工工艺风险

施工工艺风险是指在施工过程中可能发生的事故或问题，其原因可以是施工方法选择不当或操作失误等。如果在施工过程中选择了不合适的施工方法，或者没有进行充分的技术评估，就有可能出现一系列问题，包括施工困难、效率低下甚至安全事故。

选择不合适的施工方法可能导致施工困难和效率低下。针对不同的工程项目需要采用不同的施工方法，如果选择的方法不符合实际情况或工程要求，就会面临各种挑战和困难。这可能包括物料配送不便、设备无法正常运行、施工进度延迟等问题，从而影响整个工程的顺利进行。

不充分的技术评估也会增加施工工艺风险。在施工前应对工程项目进行充分的技术评估，包括地质勘察、结构设计等，以确定最佳的施工方案和工艺流程。如果没有进行充分的评估，可能会忽视某些潜在的问题，例如地质条件不稳定、承重能力不足等，从而导致施工事故的发生。

施工人员的操作失误也是施工工艺风险的重要因素。无论是机械操作还是人工施工，都需要施工人员具备一定的专业知识和技能。如果操作不当或疏忽大意，可能会导致施工质量下降或工程损坏。例如，在混凝土浇筑过程中，如果施工人员没有按照正确的浇筑顺序或没有控制好浇筑速度，就会影响混凝土的强度和密实性，进而影响工程的质量和安全性。

3.材料质量风险

材料质量风险是指在工程施工过程中，由于原材料不符合要求或供应链问题而导致的工程质量问题。原材料的质量直接关系到最终工程的质量，如果使用的原材料不符合设计和施工要求，可能会导致工程质量下降、使用寿命缩短甚至无法正常运行。

原材料不符合要求是材料质量风险的重要因素之一。原材料的选择应基于设计要求和工程性能要求，例如强度、耐久性、防火性等。如果原材料的质量不符合相关标准或规范，就会直接影响到工程的质量和安全性。例如，使用强度不足的钢材或劣质混凝土，可能导致结构失稳或承载能力不足，从而威胁工程的安全性。

供应链问题也是材料质量风险的一个方面。在工程施工过程中，需要大量的原材料供应，如果供应链出现问题，如供应延迟或供应中断，就会对施工进度和工程质量造成不利影响。延迟的供应可能导致工期延长，从而增加施工成本；而供应中断则可能使得施工不能正常进行，进一步影响工程的质量和安全。

（二）环境风险

环境风险是指在施工过程中可能受到自然环境因素影响而导致的潜在风险。主要包括地质风险、气象风险和水文风险等。

1.地质风险

地质风险是指由于地基条件不良而可能导致的施工困难或结构稳定性问题。在施工过程中，地质条件的不同会对施工工艺和工程设计产生重大影响。

软弱地基是地质风险的常见问题之一。软弱地基通常具有较低的承载能力和不稳定性，如果在其上进行建筑物的施工，可能会引起沉降和变形等问题。这种情况下，施工方需要采取相应的措施，如加固地基、使用特殊的基础设计等，以确保建筑物的稳定性和安全性。

地下水位高也会增加施工难度和风险。高地下水位可能会导致施工场地积水，影响施工进度和施工质量。高地下水位还可能引发土壤液化现象，造成地基沉降和地震灾害等问题。因此，在处理地下水问题时，施工方需要采取适当的排水措施和加固措施，以减少地质风险的发生。

地质构造复杂的地区也会增加施工难度和风险。复杂的地质构造包括断层、岩溶地貌、滑坡等，可能会导致施工过程中的不稳定性和不可预测性。在这种情况下，施工方需要进行详细的地质勘察和分析，制订相应的施工方案，并采取适当的加固和防护措施，以确保工程的安全性和稳定性。

2.气象风险

气象风险是指由于恶劣天气条件而可能导致的施工进度延误或安全事故发生。恶劣天气如暴雨、台风、大风等都会对施工活动产生不利影响。这些极端气象条件可能对施工场地造成严重影响，从而对施工进程和工人安全构成威胁。

暴雨是一种常见的气象风险。大雨可能导致施工现场积水，阻碍土方工程的进行。强降雨还可能引发洪水，导致工地被淹没，对设备和材料造成损害，甚至对建筑物的稳定性带来风险。

台风是一个重要的气象风险因素。台风带来的狂风和暴雨可能导致起重机具失稳，增加起重作业的风险。同时，强风还可能损坏搭建好的临时结构，对施工现场的安全带来威胁。

大风也是一个重要的气象风险因素。强风可能影响高空作业，使得工人面临摔落的危险。大风还可能导致建筑物和临时结构的倒塌，对施工安全造成严重威胁。

除了上述常见的气象风险，极端天气条件还可能引发滑坡、泥石流等自然灾害。这些自然灾害会对工程造成严重破坏，不仅影响施工进度，还可能导致人员伤亡和财产损失。

3.水文风险

水文风险是指由于河流水位变化或水压问题而可能导致的工程质量问题。在施工过程中，涉及水利工程或需要进行水下施工的项目，如桥梁、隧道、水库等，都会面临水文风险。这些风险源于水文条件的不稳定性，可能对工程进度和质量产生不利影响。

河流水位的变化是一个重要的水文风险因素。河流水位的剧烈波动可能导致施工进度的延误。高水位时，水下施工可能受到限制，例如无法进行基础施工或深水施工。低水位时，施工船只的通航受限，给物资运输和设备安装带来困难。河流水位的剧烈波动还可能导致设备损坏，如挡水闸、护岸等结构的失效。

水压问题也是一个关键的水文风险。施工中的水利工程往往需要处理大量的水流，如堤防、隧道、排水系统等。如果水利工程的设计不合理或施工过程中出现问题，可能导致水封不严、渗漏等水工结构质量问题。这些问题可能会对工程的稳定性和可靠性造成威胁，进而影响施工项目的安全性和可持续性。

（三）经济风险

经济风险是指在施工过程中由于资金、成本和利润等方面的不确定性导致的风险。这些风险主要包括投资风险、合同风险和市场风险。

1.投资风险

投资风险是指由于资金筹集困难或者投资回报不达预期而导致的风险。在施工项目启动之前，投资者需要筹集足够的资金来支持项目的进行。但资金的筹集可能会面临各种困难。

融资渠道受限是一种常见的投资风险。投资者可能会遇到银行贷款难、信用评级不佳等问题，导致无法得到足够的资金支持项目。这可能会延误项目进展，增加项目成本，甚至导致项目停工。

资金成本上升也是一种投资风险。当市场利率上升或者金融环境变紧时，投资者可能需要支付更高的利息或者融资成本来筹集资金。这将增加项目成本，降低投资回报率，增加投资风险。

投资回报的不确定性也是投资风险的重要组成部分。投资回报可能受到市场竞争、政策调整等因素的影响。例如，市场竞争激烈时，产品价格可能下降，从而影响项目的盈利能力。政策调整也可能对项目的运营和盈利产生不利影响，例如环境保护政策变化、税收政策调整等。

如果投资回报低于预期，项目可能面临停工或财务风险。投资者可能无法继续支持项目的进行，导致项目暂停或中止。投资回报不达预期还可能导致项目无法偿还债务或者支付利息，进一步加大财务风险。

2.合同风险

合同风险是指由于合同条款不明确或者违约行为而导致的风险。在施工项目中，与供应商、承包商和其他相关方签订合同是必要的。如果合同条款不明确或存在漏洞，可能会导致法律纠纷，增加项目的法律风险和成本。

合同中的条款应该明确规定各方的权利、义务和责任，以避免模棱两可的解释。如果合同条款存在歧义或者不完整，各方可能会产生不同的理解，导致争议的产生。这可能需要通过诉讼或仲裁来解决，增加项目的法律成本和时间成本。

当一方无法履行合同约定的义务时，可能会导致项目受阻、进度延误或者额外成本的增加。例如，供应商未按时交付物资或承包商未按质量要求完成工程，都可能影响项目的顺利进行。这就需要采取补救措施，如寻找替代供应商或承包商，以及索赔违约方，这将进一步增加项目的管理和成本压力。

合同条款不完善或者缺乏必要的保护措施也可能增加项目的风险。例如，如果合同未明确约定质量标准、索赔机制或争议解决方式，当问题出现时，可能会导致不能及时解决和追究责任，给项目带来潜在损失。

3.市场风险

市场风险是指由于市场变化或政策调整而导致的风险。施工项目的可行性和盈利能力通常依赖于市场需求和行业发展状况。然而，市场需求可能受到多种因素的影响，包括经济周期、竞争态势等，从而导致市场不稳定和需求下降。

经济周期的变化可能对施工项目带来市场风险。在经济繁荣时期，市场需求可能较高，投资者和消费者愿意增加对房地产和基础设施建设的需求。而在经济衰退时期，市场需求可能下降，投资和消费减少，会使项目面临销售困难和资金紧张的挑战。因此，项目方需要密切关注宏观经济环境，合理评估市场风险，并制定灵活的应对策略。

竞争态势的变化也可能对施工项目产生市场风险。当市场竞争激烈时，供应商和承包商可能为了争夺订单而降低价格或提供更多优惠条件，从而对项目的盈利能力产生负面影响。技术创新和新进入者的出现也可能改变市场格局，对项目的市场地位和竞争优势带来挑战。因此，项目方需要进行市场分析，了解竞争态势，并制定差异化战略，以减少市场风险。

政府的政策调整也可能对施工项目产生重大影响。政府在建筑标准、土地使用权、环境保护等方面的调整，可能导致项目的成本增加或可行性下降。例如，政府对能源效率的要求提高，可能要求项目方采用更昂贵的节能技术，从而增加了项目的建设成本。因此，项目方需要密切关注政策动向，及时调整项目策略和运营模式，以适应政策调整带来的市场风险。

（四）安全风险

安全风险是指在施工过程中可能发生事故导致人身伤害或财产损失的风险。这些风险主要包括施工作业风险、设备风险和交通风险等。

1.施工作业风险

施工作业风险是指由于操作不当或者安全措施不到位导致事故发生的风险。在施工现场，存在着各种潜在的危险和风险因素，如果不采取适当的预防和控制措施，可能会对人员和财产造成严重的伤害和损失。

高空作业是施工过程中常见的风险之一。例如，在搭设脚手架、钢结构安装、外墙装修等作业中，工人需要在较高的位置进行操作。如果未正确使用安全带、脚手架不稳定或者没有适当的防护措施，工人可能会从高处摔落，导致严重的伤害甚至死亡。因此，在高空作业时，必须确保工人正确佩戴安全带，设置可靠的脚手架和护栏，以及进行必要的培训和监督。

地下挖掘作业也存在一定的风险。在进行地基处理、管道敷设、地下设备维护等作业时，可能面临土方坍塌、排水不畅导致的工人被困或溺亡的危险。因此，在进行地下挖掘作业时，必须进行详细的地质勘察和风险评估，采取适当的防护措施和排水措施，确保工人的安全。

施工现场还存在物体滑落、坍塌和火灾等意外情况的风险。例如，施工过程中可能会有材料、工具或设备从高处滑落，对工人造成伤害；地基土方可能会因为不稳定而发生坍塌，导致工人被埋压；电焊、切割等作业可能引发火灾等。为了防范这些风险，需要加强现场管理，保持施工区域整洁有序，设置防护网和警示标识，进行消防设备检查和消防演练，并提供必要的紧急救援设备和培训。

2.设备风险

设备风险是指由于设备故障或操作失误而导致事故发生的风险。在施工项目中，大量的机械设备和工具被使用，如吊装机械、起重机和焊接设备等。如果这些设备没有得到适当的维护，操作不规范或存在缺陷，可能会导致设备故障、意外启动或失控，从而造成人员伤害或财产损失。

设备维护不当是引发设备风险的主要原因之一。设备经常处于高强度的工作状态，如果没有及时进行定期维护和检修，设备的性能可能会下降，从而发生故障。因此，定期维护和检修是降低设备风险的关键措施之一。通过对设备进行定期检查、更换磨损部件和保养设备，可以确保设备的正常运行和安全使用。

及时发现和排除设备缺陷也是降低设备风险的重要措施。定期对设备进行检查和测试，发现任何潜在的问题，并及时修复或更换有问题的部件。通过提前预防和修复设备缺陷，可以有效减少设备故障和意外事故的发生。

3.交通风险

交通风险是指由于施工区域交通组织不合理或驾驶员行为不当而导致交通事故发生的风险。在施工现场附近，经常存在车辆和行人的交叉流动，如果没有合理的交通分流、标识和警示措施，可能会造成交通混乱和事故发生。

驾驶员的行为是影响交通安全的重要因素。项目方应加强对驾驶员的培训和监督，确保他们熟悉并遵守交通规则。驾驶员应该注意安全驾驶，遵守限速要求，不超速行驶。

驾驶员的疲劳驾驶也是一个潜在的风险，项目方应制定相应的管理措施，限制驾驶员的连续工作时间，并提供休息和换班机会，确保他们状态良好地驾驶车辆。

除了上述措施，项目方还应对加强交通安全的监测和评估。定期对施工区域的交通情况进行检查，及时发现并解决存在的问题。同时，与相关部门和执法机构进行合作，共同维护交通秩序和安全。

二、公路桥梁施工风险评估

公路桥梁施工是一项复杂而高风险的任务，它涉及人员、设备和材料等多个方面的协调与管理。在施工过程中存在着各种潜在的风险，如人员伤亡、设备故障、工程质量问题等。进行全面而系统的风险评估对于保证施工的安全性和顺利进行具有重要意义。

（一）公路桥梁施工风险评估方法

公路桥梁施工风险评估是通过定量或定性的方式来识别和评估可能发生的风险，并确定相应的风险等级。常用的风险评估方法包括风险矩阵法和事件树分析法等。

1.风险矩阵法

风险矩阵法是公路桥梁施工中常用的定性风险评估方法之一。它通过将风险按照可能性和严重程度进行分类，制定相应的控制措施，以帮助项目方更好地管理和控制风险。

在使用风险矩阵法进行评估时，需要确定评估的风险事件，并对其发生的可能性和可能造成的损失进行评估。可能性可以根据历史数据、专家经验和现场观察来估计，而严重程度则通常由风险事件可能导致的人员伤亡、设备损坏、财产损失等因素来衡量。

接下来将可能性和严重程度分别划分为几个等级，并将其组合形成一个二维的风险矩阵。这个矩阵的行表示可能性等级，列表示严重程度等级。每个单元格内的交叉点即代表了特定可能性和严重程度的风险等级。

根据风险等级来确定相应的控制措施。一般来说，当风险等级较高时，需要采取更严格的控制措施来降低风险；而当风险等级较低时，可以采取相对较轻的控制措施。

最后，根据风险矩阵的结果和控制措施，项目方可以制订相应的风险管理计划和行动方案。这些计划和方案将指导施工过程中的决策和操作，并帮助实施必要的预防措施、监测控制措施以及应急响应措施，以确保施工的安全性和顺利进行。

2.事件树分析法

事件树分析法是一种常用的定量风险评估方法，适用于公路桥梁施工等高风险行业。它通过构建事件树模型来描述风险事件的发生和演化过程，从而计算出事件的发生概率和可能造成的损失。

在使用事件树分析法进行评估时，需要确定评估的目标事件，即要研究和分析的特定事件。对于公路桥梁施工来说，目标事件可以是设备故障、人员伤亡或工期延误等。

根据实际情况和专家知识，构建一个事件树模型。事件树模型由不同的节点和分支组成，每个节点代表一个可能发生的事件，分支代表该事件的不同结果或后续事件。通过逐步展开和推演，可以得到整个事件发生和演化的过程。

还需要对事件的发生概率进行评估，对于每个事件的发生概率，可以在事件树上相应的节点上标注。

最后，根据事件树模型和概率评估，可以计算出目标事件的发生概率和可能造成的损失。这些计算结果可以用来评估风险的大小，并为决策提供依据。例如，可以根据概率和损失的估计值，制定相应的控制措施、预防措施和响应计划。

需要注意的是，事件树分析法需要对事件的发生概率进行估计，在构建事件树模型前，需要收集足够的数据和信息，以确保评估的准确性和可靠性。对于较复杂的事件树模型，可能需要借助专业软件或专家咨询来进行分析和计算。

（二）公路桥梁施工风险评估指标

公路桥梁施工风险评估需要确定一些关键的评估指标，用于衡量风险的大小和可能造成的损失。

1.人员伤亡

在公路桥梁施工中，人员伤亡是一项严重的风险。评估人员伤亡风险时，可以考虑以下指标：事故发生频率、事故类型和伤亡程度。

事故发生频率是评估人员伤亡风险的一个重要指标。通过统计历史数据，可以了解过去施工现场发生事故的频率。根据这些数据，可以对未来类似情况下事故发生的可能性进行预测。这有助于识别高风险区域和活动，并采取相应的措施来降低事故的发生概率。

事故类型也需要考虑。不同类型的事故可能会导致不同程度的伤亡风险。例如高空坠落、机械设备操作错误或碰撞、电气事故等都属于常见的施工事故类型。评估不同类型事故的可能性和严重程度，可以帮助项目方有针对性地制定安全措施和培训计划，以减少相关事故的发生。

伤亡程度也是评估人员伤亡风险的关键因素之一。伤亡程度涉及人员受伤的严重程度和可能导致的后果。例如，轻微擦伤或严重的永久性伤残都属于不同的伤亡程度。通过对历史事故数据的分析和现场安全管理情况的评估，可以对不同伤亡程度的风险进行评估和预测。

2.设备故障

设备故障是公路桥梁施工中的一项重要风险。评估设备故障风险时，可以考虑以下指标：设备故障类型和维修时间。

不同类型的设备故障可能会对施工工作产生不同程度的影响。例如，机械部件损坏、电子控制系统故障或液压系统漏油等都属于常见的设备故障类型。评估不同类型故障的可能性和严重程度，可以帮助项目方有针对性地采取预防措施和维修计划，以减少相关故障对施工进度和安全性的影响。

维修时间指的是从故障发生到设备完全修复所需的时间。较长的维修时间可能导致施工工期延误和成本增加。通过分析设备维护记录和历史数据，可以评估不同故障类型的平均维修时间，并为项目方提供合理的预期和计划。

3.质量问题

评估质量问题风险时，可以考虑以下指标：质量合格率、质量问题数量和严重程度。

通过对施工过程中进行的质量检验和测试结果的统计，可以计算出质量合格的比例。质量合格率的高低反映了施工过程中是否能够达到规定的质量标准。较低的质量合格率可能暗示着存在质量问题的潜在风险。

质量问题的数量反映了施工过程中出现的不符合质量要求的情况。而质量问题的严重程度则衡量了这些问题对桥梁使用寿命和安全性的影响程度。通过对质量问题的记录和分析，可以了解不同类型和不同严重程度的质量问题的发生频率和可能造成的后果。

第二节　公路桥梁施工风险管理的基本原则和方法

公路桥梁施工是一项复杂而危险的任务，涉及多种工艺、设备和人员的协同作业。在施工过程中，存在着各种风险和隐患，如地质条件不稳定、天气变化、人为疏忽等，这些因素都可能导致事故发生，造成人员伤亡和财产损失。

一、基本原则

（一）预防为主

公路桥梁施工风险管理的首要原则是预防为主。为了最大限度地减少事故发生的可能性，需要在施工前进行充分的风险评估和预测，确定可能存在的风险点和隐患，并采取相应的预防措施。预防措施可以从多个方面来进行，包括技术改进、安全培训和设备更新等。

1.技术改进

在公路桥梁施工风险管理中，技术改进是一项重要且有效的措施。通过引入先进的施工技术和方法，可以提高施工过程的安全性。其中，使用模拟软件和虚拟现实技术进行施工前的模拟和优化是一种常见的做法。这样可以通过模拟分析识别潜在的风险点，并采取相应的预防措施，以确保施工过程的安全性。

无人机和激光扫描等先进技术也被广泛应用于桥梁施工中。无人机可以进行空中巡查，快速获取施工现场的信息，并及时发现可能存在的结构问题或安全隐患。激光扫描技术则能够对桥梁进行精准的三维扫描，提供详细的结构信息，为施工过程中的安全评估和质量控制提供支持。这些技术的应用可以大大提高施工过程的安全性，减少潜在的事故风险。

2.安全培训

安全培训是公路桥梁施工风险管理中不可或缺的一环。为了预防事故的发生，施工人员需要接受全面的安全培训，以确保他们了解施工中的各项安全规范和操作流程，并具备紧急情况下的应急处理能力。

在安全培训中，可以培训施工人员如何正确理解和认识施工现场的安全风险，增强他们对安全问题的敏感性和警觉性；对于施工过程中的高风险作业，如高空作业、挖掘作业等，培训施工人员需掌握正确的安全操作方法和使用相应的个人防护装备；培训施工人员要掌握基本的紧急救援技能，包括心肺复苏、急救止血等，同时了解消防设备的使用和火灾逃生的要点。

定期组织安全演习和实地考核也是安全培训的重要手段。通过实际模拟演练，施工人员可以在真实场景中应对各种突发情况，并学习如何迅速采取措施保障自身和他人的安全。同时，实地考核可以评估施工人员的安全操作能力和应急处理能力，及时发现存在的问题并进行纠正。

3.设备更新

随着科技的不断进步，新型的施工设备和工具可以提供更高的安全性能和效率，从而减少事故的发生。

使用过时的设备可能存在性能不足或安全隐患，增加了事故发生的风险。因此，定期评估并更新施工设备，选择符合安全标准的新型设备，可以提高施工过程的安全性。新型设备通常具有更先进的安全保护功能，如紧急停机装置、防护罩等，能够更有效地避免事故的发生。

定期进行设备的维护保养，包括清洁、润滑、紧固等工作，可以确保设备的正常运行和安全可靠。定期进行设备的检修和故障排查，及时发现并修复潜在的问题，避免设备在施工过程中出现故障，从而减少事故发生的可能性。

（二）综合管理

公路桥梁施工风险管理需要进行综合管理，全面考虑各种因素，包括人员、设备、材料和环境等。

在施工前，需要制订详细的施工方案和操作规程，明确每个施工环节的任务要求和安全措施。这些方案和规程应该根据具体工程特点和风险评估结果进行制订，确保施工过程中的安全性和施工质量。

在施工团队中，需要明确责任分工，为每个成员指定具体的任务要求。每个人员都应了解自己的职责和义务，并按照规定的程序和要求履行职责，确保施工过程的顺利进行。

风险管理是一个不断优化和改进的过程。施工团队应积极总结经验教训，及时反馈问题和建议，并采取相应的改进措施。持续学习新技术、新方法，更新管理理念和工作方式，从而提高施工风险管理水平。

（三）主动防范

为了避免事故的发生，相关从业人员应具备良好的观察力和分析能力，并在施工现场积极发现和解决存在的问题和隐患。

施工人员应具备敏锐的观察力，他们应当时刻保持警惕，仔细观察施工现场的情况。通过认真观察，可以及时发现施工中可能存在的安全隐患，如设备故障、不稳定的结构、材料堆放不当等。只有通过有效的观察，才能及早识别潜在的风险，并及时采取措施进行处理。

施工人员应具备较强的分析能力，一旦发现异常情况，应能够迅速分析并判断其危害程度，并据此采取相应的措施。如果发现某个设备出现故障，施工人员应立即停止使用并通知相关责任人进行修复或更换。通过合理的分析和判断，可以避免事故的发生，保障工作人员和周围环境的安全。

施工人员还应积极借鉴和学习其他项目的经验和教训。在施工过程中，每个项目都有独特的情况和难题。通过与其他项目的交流和学习，可以获取宝贵的经验，并避免重复犯错。例如，可以了解其他项目中曾经发生的事故或问题，并思考如何避免类似情况在自己的项目中再次发生。通过不断改进施工管理和技术手段，可以提高施工安全性和施工效率。

二、方法

（一）风险评估与识别

在公路桥梁施工前，进行全面的风险评估和识别是确保施工安全的基础。通过借助专业的风险评估工具和方法，可以对施工项目进行系统的分析和评估，以确定可能存在的风险点和隐患，并采取相应的应对措施。

风险评估应综合考虑多个方面的因素，其中包括地质条件、天气因素、施工工艺、人员素质等。地质条件是公路桥梁施工中需要特别关注的因素之一，如土层稳定性、地下水位等；天气因素如降雨量、风力等也会对施工过程产生影响；施工工艺涉及使用的设备、材料以及施工方法等，需要评估其是否符合标准要求；人员素质则关乎施工人员的技能水平和安全意识等。通过全面考虑这些因素，可以更准确地评估潜在风险并采取相应的预防措施。

风险评估应采用科学有效的方法。常见的风险评估方法包括故障模式与效应分析、事件树分析等。这些方法可以帮助识别潜在的风险和隐患，并评估其可能的影响程度和概率。评估结果应以定量或定性的方式进行描述，以便更好地理解和处理风险。

在风险评估的基础上，采取相应的应对措施是必不可少的。根据评估结果，针对不同的风险点和隐患，需要制采取相应的预防和应急措施。例如，如果评估发现存在土层不稳定的风险，可以采取加固土层或使用支撑结构等措施来减轻风险。还应建立健全监测体系，及时监测施工过程中的关键参数，以便及时发现和处理异常情况。

（二）风险控制与预防

风险控制与预防是项目管理中非常重要的一环，它旨在识别和评估潜在的风险，并采取相应的措施来减少或消除这些风险对项目的不利影响。根据风险评估的结果，可以采取以下方面的风险控制和预防措施。

1.现场管理

在施工现场严格遵守安全规章制度，加强对施工作业的监管和控制。这包括确保所有参与施工的人员都了解并遵守安全操作规程。同时，建立清晰的责任分工和沟通机制，确保施工过程中各个环节的安全得到有效管理。

2.培训和教育

开展针对项目参与人员的培训和教育活动，提高他们的安全意识和技能水平。这包括为施工人员提供必要的安全培训，使他们了解并熟悉施工现场的风险和安全措施，以及如何正确应对紧急情况。

3.紧急救援机制

建立健全紧急救援机制，确保在事故发生时能够迅速采取应对措施，减少损失。这包括建立紧急联系人和报警系统，培训施工人员进行基本的急救和灭火等紧急处理方法，以及预先规划好逃生通道和集合点等。

4.定期检查和评估

定期对施工现场进行检查和评估，及时发现和解决潜在的风险问题。这包括安全巡视、安全风险分析和事故调查等。同时，建立健全反馈机制，鼓励项目参与人员主动报告和提出改进建议。

第三节　公路桥梁施工风险的应急预案与灾害防范

公路桥梁施工面临着各种潜在的风险和灾害。为了确保施工安全和顺利进行，需要制定科学有效的应急预案和灾害防范措施。

一、公路桥梁施工风险类型

（一）自然灾害风险

自然灾害是公路桥梁施工中最常见和具有重大影响的风险之一。常见的自然灾害包括地震、洪水、泥石流等。这些灾害可能导致施工现场的破坏、设备损失、人员伤亡等严重后果。

1.地震风险

地震是公路桥梁施工中最具挑战性的自然灾害之一。强烈的地震可能会对桥梁结构产生严重影响，引发倒塌或破坏的风险。这种情况下，人员可能会遭受严重伤亡，同时财产也可能会遭受巨大损失。

在地震发生时，地面会发生剧烈的晃动和震荡，这会对桥梁的稳定性造成极大威胁。桥梁的各个组成部分，如支撑柱、梁和墩等都可能受到严重损坏，甚至倒塌。地震还可能引起土壤液化现象，使得桥梁的地基不稳，进一步加剧了其承载能力的下降。

地震还会对桥梁周边的设施和环境产生广泛的影响。例如，地震可能导致道路的龟裂和塌方，使得交通无法正常通行；还可能引发火灾、爆炸等其他灾害，给救援工作带来更多困难。

2.洪水风险

洪水是公路桥梁施工中常见的自然灾害之一。当洪水发生时，施工现场有可能被水淹没，从而带来严重的风险和损失。洪水可能冲毁桥梁的支撑结构，导致其崩塌或受损；设备和材料也可能被水浸泡，造成严重的施工延误和损失；洪水还可能带来漂浮物和废弃物，增加桥梁受损的风险；洪水还可能引发土石流、泥石流等灾害，对周边地区造成更多的破坏和危险。

3.泥石流风险

泥石流是在山区进行公路桥梁施工时常见的自然灾害之一。泥石流具有滑坡和冲击力,可能导致桥梁支撑结构的倒塌、土石堆积等问题。

泥石流会造成土石堆积,阻塞水流和道路;泥石流还可能引发山体滑坡,进一步加剧桥梁受损的风险;泥石流带来的泥沙和碎石有可能污染河流和水源,破坏生态环境;泥石流还可能冲毁农田、房屋和其他基础设施,对周边地区造成严重的破坏和危险。

面对自然灾害风险,公路桥梁施工需要制定相应的应急预案和灾害防范措施,以减少灾害带来的影响和损失。

(二)物资供应风险

物资供应是公路桥梁施工中一个重要的环节,它也存在一定的风险。如果物资供应链出现问题,将会对施工进度和成本产生不利影响。

1.供货延迟

出现供货延迟可能导致项目进度受阻,并对施工计划和成本产生负面影响。

供货延迟可能是由多种原因引起。生产厂家的生产能力不足是常见的原因之一。如果供应商无法满足大量物资的需求,可能会造成供货延迟;运输问题也是导致供货延迟的原因之一。运输过程中可能遇到交通拥堵、道路损坏或天气不利等情况,使得物资无法按时送达施工现场;供应链中的其他环节也可能存在问题,例如采购流程烦琐、合同履行有问题等,都有可能导致供货延迟。

供货延迟对公路桥梁施工带来的风险主要体现在施工进度和成本方面。如果不能及时获得所需物资,施工工序将无法按照计划进行,从而影响整个项目的进度安排;延迟可能导致人工和设备资源的浪费,可能需要采取额外措施来弥补延误带来的影响,从而增加了项目的成本。

2.供应商破产或倒闭

在供应商破产或倒闭的情况下,原本合作的供应商不能继续提供所需的材料和设备,可能导致物资供应中断,对施工进度和成本产生严重影响。

供应商破产或倒闭可能由多种原因引起,如经营不善、财务问题、市场变化等。当供应商遇到严重的财务困难时,可能无法继续运营并提供所需的物资。

这将导致物资供应链的中断，使得施工项目无法按计划进行。

重新寻找合适的供应商并建立新的合作关系可能需要一定的时间，也可能涉及合同变更和谈判等程序，从而增加了施工项目的成本和管理难度。

3.物资价格波动

原材料的价格可能受到市场供需关系、国内外政策变化等因素的影响，导致价格出现波动。如果物资价格突然上涨，将给项目带来额外的成本压力。

物资价格波动主要由市场供需关系和宏观经济因素引起。供求关系的变化、原材料供应紧张或政府政策调整等因素都可能导致物资价格的波动。例如，当市场需求增加时，供应商可能会提高物资的价格以获取更高利润。国内外的宏观经济状况和政策变化也可能对物资价格产生影响。汇率波动、关税调整、原材料出口限制等都有可能导致物资价格的被动。

如果物资价格突然上涨，这将增加施工项目的成本。项目原本预算的物资费用可能无法覆盖突发的价格波动，从而使项目面临资金压力；价格波动还可能导致预先签订的合同不能充分覆盖物资价格变化，进而增加了施工项目的风险和不确定性。

4.运输问题

长距离的物资运输可能会受到不确定因素的影响，导致物资的延误或损坏，这将对施工材料质量产生不利影响。

恶劣的天气，如暴雨、大雪或强风等，可能使运输车辆无法安全行驶，进而导致物资的延误；长途运输还可能面临盗窃、货物丢失或损坏等风险，进一步影响物资供应的稳定性。

物资在长途运输过程中还可能受到振动、碰撞等因素的影响，导致质量下降或损坏，影响桥梁结构的稳定性和耐久性。

二、应急预案与灾害防范措施

（一）自然灾害应急预案与防范措施

针对自然灾害风险，需要建立相应的应急预案和防范措施，包括但不限于以下几点。

1.地质灾害评估和监测

通过对施工区域进行地质灾害评估，可以确定潜在的地质灾害风险，并采取相应的预防和控制措施。同时，安装适当的地质监测设备也可以实时监测地质环境的变化，及早发现异常情况并采取措施避免灾害发生。

地质灾害评估是在施工前进行的重要步骤。通过对施工区域的地质条件进行综合分析和评估，可以确定可能存在的地质灾害类型，如滑坡、崩塌、泥石流等。评估还可以确定灾害的潜在影响范围和严重程度，为后续施工计划提供参考。

地质监测设备的安装和使用可以帮助实时监测地质环境的变化。这些设备包括地下水位监测仪、地震监测仪、裂缝测量仪等。通过定期收集和分析监测数据，可以及时发现地质灾害风险的变化趋势和异常情况。一旦监测到潜在灾害的前兆，可以立即采取相应的防护措施，如加固支撑结构、调整施工方案等，以降低灾害风险。

2.抗震设计与构造

在桥梁设计阶段，必须充分考虑地震因素，并采取合适的抗震设计和结构构造措施，以提高桥梁的抗震能力。

在设计阶段需要对施工区域的地震活动性进行评估，确定可能发生的地震强度和频率。这有助于确定桥梁所需的抗震等级和设计参数。基于地震评估结果，可以选择适当的设计方法和规范，并采用合理的材料和结构形式，以确保桥梁具有良好的抗震性能。

在结构构造方面，应采取一系列的抗震措施：增加桥梁的抗震支撑结构，如设置足够数量和坚固的桥墩、墩台和支座；采用抗震性能优良的材料，如高强度钢材和混凝土；使用合适的横向和纵向连续构造，以增强桥梁的整体稳定性；在桥梁连接处设置适当的减震装置，以吸收地震能量。

抗震设计和结构构造的目标是使桥梁在地震发生时具有足够的稳定性和韧性，最大限度地减少损坏和崩塌的风险。通过合理的设计和施工，可以使桥梁能够承受较强的地震作用，保障人员和设备的安全，并减少重建和修复的成本。

3.洪水和台风预警系统

通过建立有效的预警系统，可以及时获取洪水和台风相关信息，以便采取相应的防范措施来保护施工现场和人员安全。

对于洪水预警，可以建立监测站点和传感器网络，实时监测水位和雨量等数据。这些监测数据将与气象预报数据相结合，形成洪水预警系统。一旦监测数据超过事先设定的安全阈值，预警系统将自动发出警报，提醒相关人员做好洪水防范准备。根据预警情况，施工方可以采取措施，如加固临时支撑结构、移动施工设备到较高的位置等，以减少洪水对施工现场的影响。

对于台风预警，可以通过气象部门提供的台风路径和强度预报信息来建立预警系统。一旦有台风接近施工区域或预测路径经过该地区，预警系统将发出警报，施工方可以及时采取必要的防范措施，如停工、撤离工地、加固临时设施等，以保障施工人员和设备的安全。

（二）施工工艺应急预案与风险控制措施

1.施工工艺优化

根据具体情况，选择合适的施工工艺和技术路线，可以有效降低施工过程中可能遇到的各种风险。

地质条件不稳定是施工中常见的风险因素之一。在这种情况下，可以采用加固土壤、注浆等工艺措施来应对。通过加固地基或边坡，可以提高地质结构的稳定性，减少滑坡、塌方等地质灾害的发生概率。同时，注浆技术可以增强土壤的承载力和抗液化能力，提高桥梁的安全性和稳定性。

在施工工艺优化中，还可以考虑采用预制构件和模块化组装等技术。通过提前制造构件，并在现场进行组装，可以缩短施工周期，减少对现场环境的干扰，降低施工风险。预制构件和模块化组装还可以提高施工质量的一致性和可控性，减少因人为操作或现场条件不稳定而引起的施工问题。

根据施工现场的特点和条件，制订合理的进度计划，避免同时进行多个关键工序，减少施工冲突和风险。合理的施工顺序和时间安排还可以减少对周边环境和交通的影响，提高施工效率。

2.安全培训与监督

通过对施工人员进行必要的安全培训，可以提高他们的安全意识和技能，使其能够正确应对施工过程中的各种风险。

安全培训应涵盖施工现场的各个方面，包括但不限于施工操作规范、个人防护装备使用、紧急情况应对等内容。培训应根据不同岗位和工种的特点，针对性地进行，以确保每个施工人员都了解并遵守相关安全规定和操作程序。还可以组织模拟演练和实地培训，提升施工人员在紧急情况下的应变能力。

设立专门的监督机构对施工现场进行定期检查和巡视，确保施工过程中的安全。监督机构可以由专业的安全监察人员组成，负责对施工现场的安全执行情况进行监督和评估。他们将检查施工现场是否符合相关安全标准和规定，发现问题及时提出整改要求。监督机构还可以与施工方建立沟通渠道，及时了解施工进展和安全情况，并提供必要的指导和支持。

（三）物资供应管理与风险控制

为了减少物资供应风险，可以采取以下措施。

1.供应链管理

为了确保物资供应的稳定性和及时性，与供货商建立稳定的合作关系是关键。这包括签订明确的合同，明确物资的品种、数量、质量标准以及交付时间等细节。通过合同约定，可以确保供货商按时提供所需的材料和设备。

定期进行供应链风险评估也是必要的。这意味着对供应链进行全面的审查和评估，识别潜在的风险因素，如供应商的财务状况、生产能力、运输情况等。通过评估结果，可以及时发现潜在问题并采取相应措施，以降低供应链风险。

建立有效的沟通渠道也是供应链管理的关键。与供货商保持良好的沟通，及时了解供货进度和可能的变动情况。双方应建立紧密联系，共享信息，并就任何潜在问题进行协商和解决，以确保供应链畅通无阻。

供应链管理还需要关注供货商的质量管理体系。确保供货商拥有健全的质量控制体系，以确保所提供的物资符合相关标准和要求。这可以通过对供货商进行审查、评估和定期质量检验来实现。

2.备货和备件管理

通过提前储备必要的物资和备件，可以应对可能出现的延误或质量问题，确保施工进度和质量的稳定性。

备货管理涉及根据施工计划和需求，提前进行物资的采购和储备。这意味着在施工开始之前，识别需要的材料和设备，并与供应商合作，确保所需物资能够按时到达施工现场。通过提前备货，可以避免因供应不及时而导致的施工延误和不必要的成本增加。

备件管理则是针对可能出现的设备故障或损坏情况，提前储备必要的备件和零部件。这可以确保在设备故障发生时能够快速更换备件，减少维修时间，并避免因备件缺乏而导致的停工和延误。

备货和备件管理还需要考虑质量控制方面。确保备货的物资符合相关标准和质量要求，可以通过与可靠的供应商合作，进行严格的品质检查和评估来实现。对备件的质量也需要进行认真审查和检验，确保备件的可靠性和耐久性。

可以通过有效的备货和备件管理来应对施工过程中可能出现的延误、质量问题和设备故障等不可预见的情况。这有助于确保施工进度的稳定性，降低因物资或设备问题而导致的停工和额外成本。

第九章　公路桥梁施工环境教育与培训

第一节　员工环境意识培养

通过培养员工的环境意识，可以提高他们对环境保护的认识和责任感，减少对环境的破坏和污染，促进可持续发展。

一、环境知识教育

通过加强对环境法律法规、环境保护技术和环境风险评估方面的教育，可以提高员工的环境保护意识和责任感，使其能够在公路桥梁施工中更加注重环境保护。

（一）环境法律法规

员工应该熟悉并了解与环境保护相关的法律法规，明确公路桥梁施工对环境的要求和限制。在这方面，有几个重要的法律法规需要员工掌握，包括环境保护法、水污染防治法、大气污染防治法等。

员工需要熟悉环境保护法，该法规对环境保护工作提供了基本的法律依据。员工需要了解该法规的主要内容，包括环境质量标准、环境影响评价、环境监测与报告等方面的要求。只有全面理解这些内容，员工才能在施工过程中遵守相应的环境保护要求，确保公路桥梁施工不对环境造成损害。

员工还应该了解水污染防治法。这项法规针对水环境保护提出了具体要求，包括水污染的防治、水资源的合理利用等方面。员工需要知道如何正确处理施工过程中产生的废水，以及必要时如何进行水处理工作，确保排放的水质符合相关标准，不会对水环境造成污染。

大气污染防治法也是员工需要熟悉的一项法规。该法规规定了大气污染的防治目标和措施，员工需要了解其中涉及的空气质量标准、大气污染物排放限值等要求。在施工过程中，员工需要采取相应的措施，控制施工活动对空气质量的影响，以确保公路桥梁施工过程中不会产生过多的污染物排放。

除了以上提到的法律法规外，员工还应该了解各项环评报告的要求和操作规程。环评报告是公路桥梁施工前必须进行的重要程序，员工需要明确了解环评报告的编制要求和内容，以及如何根据环评报告中的建议来组织施工过程。只有做到这一点，员工才能确保施工过程中的环境风险得到有效控制，最大限度地减少对环境的影响。

（二）环境保护技术

员工需要掌握一些基本的环境保护技术，帮助他们在公路桥梁施工过程中采取相应的措施，减少对环境造成不良影响。以下是几项重要的环境保护技术。

1.土地复垦技术

在公路桥梁施工完成后，土地复垦是必不可少的一项工作。员工需要了解土地复垦的方法和技术，以确保施工区域的土地能够有效恢复并具备良好的生态功能。这包括合理的植被恢复、土壤改良和水土保持等措施。

2.废物处理技术

在公路桥梁施工过程中会产生大量的废物和污染物，员工需要了解如何正确处理这些废物。这可能包括分类、分装、储存和运输废物，并选择合适的处理方式，如回收利用、焚烧或安全填埋等，以确保废物不对环境造成污染。

3.绿色建筑技术

绿色建筑技术强调在施工过程中最大限度地减少对环境的影响。员工需要了解如何选择环保材料、节能设备和可再生能源等方面的技术，以推动施工行业向更加可持续和环保的方向发展。

（三）环境风险评估

员工需要了解环境风险评估的方法和流程，以确保在公路桥梁施工过程中能够识别潜在的环境风险，并制定相应的应急预案来应对突发环境事件。

1.评估环境风险

基于识别出的环境风险点，员工需要进行环境风险评估。这一步骤涉及对每个风险点的潜在影响程度、概率和持续时间进行评估。通过综合考虑这些因素，员工可以对各个风险点进行排序，确定哪些风险具有较高的优先级和紧迫性。

2.制定应急预案

根据环境风险评估的结果，员工需要制定相应的应急预案。应急预案应包括对每个环境风险点的具体控制措施和紧急处理程序。例如，在可能导致土壤污染的施工活动中，应急预案可能包括及时清理泄漏物、设置防护屏障以防止扩散等措施。员工需要了解如何制定有效的应急预案，并在实际施工过程中遵守和执行这些预案。

3.监测和报告

环境风险评估不仅仅是一次性的工作，员工还需要进行持续的监测和报告。通过定期监测环境参数，如水质、空气质量等，员工可以及时发现任何潜在的环境问题，并采取必要的措施进行修复或改进。员工还需要按照相关法规和要求，及时报告任何重大的环境事件或事故。

二、实践培训

除了理论知识的教育外，实践培训也是员工环境意识培养的重要手段。通过实际操作和体验，员工能够更好地理解环境保护的重要性，并学会如何采取正确的措施来保护环境。

（一）现场指导

在公路桥梁施工现场，为了确保员工正确使用环保设备和工具，并保证施工过程中不对环境造成污染，应当安排专业人员进行现场指导。以下是在现场指导中需要注意的几个方面。

1.环保设备和工具的正确使用

现场指导人员应向员工介绍并演示如何正确使用环保设备和工具。这包括废水处理设备、噪声控制设备、防尘设备等。通过提供详细的操作说明和示范，现场指导人员可以确保员工掌握正确的使用方法，从而最大限度地减少环境污染风险。

2.有害物质储存管理

在施工现场可能使用或产生一些有害物质，如化学品、燃料等。现场指导人员应向员工提供相关的安全操作规程，并确保有害物质的储存和管理符合相关法规要求。这包括合理的储存位置、防护措施以及避免泄漏和溢出等情况发生，以减少对环境和员工健康的风险。

（二）环境保护演练

为了提高员工应对突发环境事件的能力，可以定期组织环境保护演练，让员工参与其中。通过模拟真实的环境事故场景，演练员工在紧急情况下的反应和处置能力。

1.制订演练计划

在组织环境保护演练之前，应制订详细的演练计划。计划应明确演练的目标、演练场景、演练时间以及参与人员等。通过合理安排和设计，确保演练能够真实模拟可能发生的环境事故情景。

2.模拟真实场景

在演练过程中，应尽量模拟真实的环境事故场景。例如，可以设置火灾、泄漏或污染等情景，以检验员工在不同环境条件下的应对能力。还可以考虑引入一些意外因素，如恶劣天气、时间压力等，增加演练的复杂性和挑战性。

3.角色分配和沟通协作

在演练中，应根据演练计划对参与人员进行角色分配。每个参与者应了解自己在演练中扮演的角色，并与其他团队成员进行有效的沟通和协作。这有助于培养员工的团队合作精神，提高应对紧急情况的协调能力。

4.评估和总结

演练结束后，应对演练过程进行评估和总结。通过评估，可以了解员工在演练中表现出的优点和不足之处，并提供针对性的反馈意见。组织相关部门总结演练中的经验教训，对演练计划和流程进行改进和完善，以提高今后的演练效果。

（三）员工交流分享

为了促进员工在环境保护方面的共同进步,可以定期组织员工交流分享会,鼓励员工分享自己在环境保护方面的经验和做法。

1.组织形式

员工交流分享可以以座谈会、研讨会或培训讲座等形式进行。根据具体情况选择适合的组织形式，确保员工能够积极参与和互动。可以邀请专业人士或行业内的环保专家作为嘉宾，分享他们的经验和见解。

2.主题设置

在交流分享会上，可以设置不同的主题，如节能减排、资源循环利用、水污染防治等。通过设立具体的主题，有针对性地引导员工分享与该主题相关的经验和做法。这有助于提高员工的专业知识和技能，同时也能够激发更多创新和改进的想法。

3.分享经验和案例

员工可以分享自己在环境保护方面的实践经验和成功案例。例如，他们可以介绍自己在节约能源、减少废弃物产生、推广环保技术等方面的实际操作和效果。通过分享经验和案例，员工可以互相学习和借鉴，激发更多的环保意识和行动。

4.互动和讨论

交流分享会应鼓励员工之间的互动和讨论。员工可以提出问题、交流看法，并就相关话题展开深入讨论。这有助于促进思想碰撞、交流观点，从而推动员工在环境保护方面的共同进步。

5.总结和反馈

在交流分享会结束后，可以对会议进行总结和反馈。组织者可以梳理出会议中的重要观点和建议，并向参与员工提供反馈意见。也可以收集员工的意见和建议，以改进和完善今后的交流分享活动。

三、激励机制

为了更好地培养员工的环境意识，还需要建立一套激励机制，激励员工积极参与环境保护工作。

（一）奖励制度

为了激励员工在环境保护方面的突出表现，可以建立奖励制度，对其进行相应的奖励或授予荣誉称号。

1.设立奖项和评选标准

为促进环境保护事业的发展，应设立一系列与环境保护相关的奖项，并明确评选标准。这些奖项可以根据不同的贡献领域和层次进行设置，以便全面激励各方面的环境保护工作。

可以设立环境创新奖，用于表彰在环境技术、产品或解决方案方面取得突破性创新的个人或团队。评选标准可以包括技术的原创性、实用性、创新性以及对环境可持续发展的贡献程度。

节能减排奖是另一个重要的奖项。该奖项旨在表彰在能源利用和减少二氧化碳排放方面做出杰出贡献的个人或组织。评选标准可以包括能源效率的提升、温室气体排放量的减少以及在能源转型和可再生能源领域的突出贡献。

设立环境卓越团队奖，以表彰在环境保护领域取得杰出成果的团队。评选标准可以包括团队成员的合作精神、协同效应、项目实施的成果和社会影响等方面。

评选标准应该综合考虑工作成果、技术创新、环保意识以及对社会的影响等方面的考量。

通过设立这些奖项和明确的评选标准，可以激励更多的个人和组织积极参与到环境保护事业中来，推动环境保护工作的不断发展。

2.奖励形式和内容

在设立与环境保护相关的奖项时，可以采用多种形式的奖励来激励和认可参与者的贡献。这些奖励形式可以包括奖金、证书和荣誉称号等。

奖金作为一种物质奖励，是对获奖者及其工作成果的直接回报。奖金的数额可以根据奖项的重要性和获奖者的贡献程度而定，以鼓励他们继续努力并进一步推动环境保护事业的发展。

可以通过颁发证书来对获奖者的环境保护成就进行公开认可。证书可以详细记录获奖者所取得的成就和贡献，并由相关机构或组织签发。这不仅能够增强获奖者的自豪感和归属感，还能在求职、升职等场合起到积极的推动作用。

荣誉称号也是一种重要的奖励形式。通过授予获奖者特殊的荣誉称号，如"环保先锋""环境保护模范"等，可以更加直观地彰显他们在环境保护领域的杰出表现。这种荣誉称号可以为获奖者带来更多的认可和尊重，进一步激发他们的环保热情。

还可以结合奖励形式，组织颁奖典礼、举办座谈会或专题研讨会等活动，为获奖者提供展示和交流的平台，让他们与其他环境保护工作者共同分享经验和启发。

3.公平公正的评选过程

评选奖项的过程应该公平、公正，遵循透明的原则。

需成立一个由专家和权威人士组成的独立评审委员会，他们应具备相关领域的专业知识和经验，并严格遵守评选标准。在设立奖项时，明确规定评选标准和指标，并确保其公开透明，避免主观判断和不公正行为；要求参与者提交详尽的申报材料，包括工作成果、技术创新、环保意识等方面的证明文件，有助于评审委员会对候选人进行客观评估和比较；评审委员会应以匿名方式进行评审，即不知道候选人的身份信息。这样可以避免任何偏见和利益冲突对评选结果的影响；可以设立多轮评审的机制，通过初步筛选、终审等环节逐步缩小范围，确保评选过程更加严谨和客观；在评选结束后，公开宣布获奖者的名单，并解释评选的依据和原因。这样可以增加透明度，并让大众了解评选过程的公正性；为参与者提供评选结果的反馈机制，他们可以了解自己的优势和不足之处，有助于进一步改进和提升。

4.广泛宣传和表彰

获奖员工的成就应该得到广泛宣传和表彰，这样既激励了员工又向外界展示了企业对环境保护的重视。

可以通过内部通知、邮件或企业内部网站等渠道，向全体员工宣布获奖员工的成就，并详细介绍他们在环境保护方面所做出的贡献。这可以增加员工对环境保护的关注度和参与度。

将获奖员工的事迹和成就发布在企业网站上，通过社交媒体平台进行广泛宣传。这样可以向外界展示企业对环境保护的承诺，并提高企业形象和声誉。

组织隆重的颁奖仪式，邀请高层管理人员和其他员工参加。在仪式上，为获奖员工颁发证书、奖杯或奖金，并让他们分享自己的经验和感受。这样可以给予获奖员工以仪式感，同时也能够激励其他员工积极参与环境保护工作。

（二）公众认可

为了提高员工在公众中的知名度和认可度，可以积极宣传他们在环境保护方面的贡献。

1.社交媒体推广

社交媒体推广是一种利用社交媒体平台（如微博、微信公众号等）来积极推广员工在环境保护方面的贡献的方法。可以通过发布相关文章、图片或视频来展示员工在环保行动中所做出的实际努力和取得的成果。这样做的目的是增加大众对员工在环保领域的认可和支持。

可以撰写有关员工参与环保活动的文章，并结合相关图片或视频进行发布。这些文章可以介绍员工参与的具体项目、采取的行动以及取得的成果。例如，可以报道员工参与清理河流污染物的行动，或者他们组织的垃圾分类宣传活动。这些文章不仅可以向大众展示员工的环保贡献，还可以激发更多人参与到环保行动中来。

可以通过社交媒体平台与关注环保领域的大众进行互动。这种互动能够建立起员工与大众之间的联系和信任。同时还可以定期举办一些线上活动，如抽奖、问答等，来吸引更多人参与到环保话题的讨论中。

2.社会责任报告

社会责任报告是企业向公众展示其在环境保护方面的努力和成果的重要工具。在这份报告中，应该突出展示员工在环境保护方面所做出的贡献和取得的成果，以详细的数据和案例来说明他们的实际影响和推动力。这样做有助于提高公众对企业在环保领域的信任和认可。

在社会责任报告中，可以介绍员工积极参与企业环保项目的情况，包括参与的具体活动、时间和地点等，向公众展示员工的积极性和贡献。

详细描述员工在日常工作中采取的环保行为和创新措施，例如减少能源消耗、节约水资源、推广可持续交通方式等。提供具体的数据和指标，展示员工的实际成果。

介绍企业为员工提供的环保培训和教育计划，包括内部培训课程、外部合作项目等。通过这些举措，提升员工的环保意识和能力。

公开表扬那些在环保方面取得突出成绩的员工，并介绍企业为他们提供的奖励和认可机制。这样可以增强员工的自豪感和荣誉感，同时也可以向公众展示企业对环保事业的重视。

通过在社会责任报告中突出展示员工在环境保护方面的贡献和成果，可以为企业树立良好的形象，增加公众对企业的信任和认可。这种透明度和公开性有助于建立积极的企业形象，吸引更多人支持和合作，共同推动环保事业的发展。

第二节　监管部门的培训需求

监管部门在公路桥梁施工环境保护方面也需要通过一定的专业知识和技能培训才能做好监督和管理工作。

一、培训内容

（一）环境法律法规

监管部门在公路桥梁施工环境方面起着重要的作用，需要了解相关的环境法律法规，包括国家和地方的法律法规、政策文件以及行业标准等。这些法规对于公路桥梁施工环境保护工作提供了指导和依据，监管部门必须熟悉并能够正确应用。

环境法律法规是保护生态环境和维护人类健康的重要手段。在公路桥梁施工中，监管部门负责监督施工单位是否遵守相关法律法规，以确保施工过程中的环境保护工作得到有效执行。

监管部门需要了解国家和地方的法律法规。国家制定了一系列环境保护相关的法律法规，如《中华人民共和国环境保护法》《中华人民共和国大气污染防治法》等。这些法律法规为公路桥梁施工环境保护提供了基本要求和原则，监管部门需要深入学习和理解，并将其运用到实际工作中。

地方性的法律法规也需要被监管部门熟知。各个地方根据实际情况制定了一些具体的环境保护法规，如各省、自治区、直辖市的环境保护条例等。监管部门需要了解自己所在地区的相关法律法规，以便更好地履行职责。

政策文件也是监管部门需要掌握的内容之一。政策文件包括国家和地方发布的各类指导性文件、通知和公告等，这些文件对公路桥梁施工环境保护工作提出了具体的要求和措施。监管部门需要及时了解最新的政策文件，并将其传达给施工单位，确保施工过程中的环境保护工作符合政策要求。

行业标准也是监管部门必须熟悉的内容。行业标准是针对公路桥梁施工环境保护工作制定的具体技术规范和操作流程。监管部门需要掌握这些标准，并与施工单位进行沟通，确保其按照标准要求进行环境保护工作。

（二）环境影响评价

环境影响评价是在公路桥梁施工前必须进行的程序之一。监管部门需要了解环境影响评价的方法和技巧，以便能够审核和评估施工单位提交的环境影响评价报告，确保其科学可行且符合法规要求。

环境影响评价旨在对公路桥梁建设过程中可能产生的环境影响进行全面、系统的预测、评估和管理。通过此评价，可以有效地识别出施工活动可能对自然环境、社会环境和人类健康造成的不利影响，从而采取相应的措施加以避免、减轻或补偿。

在进行环境影响评价时，应当按照相关的法律法规和技术标准进行操作。评价的内容主要包括项目背景、建设方案、环境基线调查、环境影响预测、环境影响评估、环境管理措施等方面。评价过程需要综合考虑自然环境、社会经济和人类健康等多个方面的因素，确保评价结果的客观性和科学性。

在评价报告提交后，监管部门将对其进行审核和评估。审核的目的是验证评价报告的真实性、完整性和准确性，确保其符合环境保护政策和法规要求。评估的目的是对评价报告进行综合分析，评估施工活动可能产生的环境风险和影响程度，并提出相应的建议和要求。

为了确保环境影响评价的科学可行性和有效性，监管部门需要具备相关的专业知识和技能。他们需要了解环境科学、生态学、环境保护法律法规等方面的知识，并熟悉评价方法和技巧。监管部门还需与施工单位密切合作，进行信息交流和沟通，共同推进环境保护工作。

（三）环境监测与评估

环境监测是在公路桥梁施工过程中不可或缺的环节。监管部门需要了解环境监测的方法、仪器设备的使用和维护等知识，以便对施工现场进行有效的监测和评估，并及时采取相应措施来发现和解决问题。

环境监测的目的是对施工现场周边环境的各项指标进行定量化、系统化的观测和记录。通过对空气质量、水质、土壤污染、噪声、振动等因素的监测，可以及时发现环境异常变化和污染源，为环境保护提供科学依据。

在进行环境监测时，监管部门需要了解各种监测方法和技术。例如，空气质量监测可以使用空气采样器、气象站等设备，通过采样和分析空气中的颗粒物、有害气体等参数来评估空气质量状况。水质监测则需要使用水质采样器、水质分析仪等设备，对水体中的化学物质、微生物等进行测试。

监管部门还需要掌握仪器设备的正确使用和维护方法。包括校准仪器、保养设备、定期检查和维修等工作，以确保监测结果的准确性和可靠性。还需要制定合理的监测计划和频率，根据施工活动的特点和环境风险的变化进行监测。

在监测结果获得后，监管部门将进行评估和分析。评估的目的是对监测数据进行综合分析，判断环境质量是否符合法规要求，并及时发现问题。如果发现环境污染超过标准，监管部门将采取相应的措施，例如责令停工整改、罚款或采取其他环境治理措施。

（四）环境应急处理

在公路桥梁施工过程中，可能会发生突发事件，如事故、泄漏等。监管部门需要掌握应急处理的方法和技巧，以便能够快速响应并采取适当的措施，最大限度地减少对环境的损害。

环境应急处理是指在突发环境事件发生后，及时采取紧急措施来控制和消除对环境的不良影响。以下是环境应急处理的基本原则和步骤。

1.快速响应

监管部门需要建立健全应急响应机制，以便能够在突发事件发生后迅速行动。这包括制定应急预案、明确责任分工、培训人员等。快速响应可以最大限度地减少对环境的进一步损害。

2.评估和调查

在突发事件发生后，监管部门需要进行现场评估和调查，了解事态的严重程度和可能的环境风险。这有助于制定应急处理策略和采取相应的措施。

3.控制和隔离

监管部门需要尽快采取控制和隔离措施，以防止进一步的环境污染和扩大事故范围。这可能包括封锁事故现场、设置隔离带、控制泄漏源等。

4.救援和抢险

在应急处理过程中，监管部门需要与相关部门合作，进行救援和抢险工作。例如清理泄漏物质、处理废弃物等，以减少对环境和人类健康的威胁。

5.信息发布和沟通

监管部门需要及时向公众发布相关信息，告知事态发展和采取的措施，保持透明度并消除公众的恐慌；与相关利益相关方进行有效沟通，协调应急处理工作。

6.事后评估和总结

应急事件处理结束后，监管部门需要进行事后评估和总结。这有助于发现问题、改进应急预案，并提高应对类似事件的能力。

二、培训方式

针对监管部门的培训需求，可以采取以下方式进行培训。

（一）理论培训

监管部门可以邀请相关的专家学者对其进行理论培训，通过讲座、研讨会等形式传授知识和技能。这种方式可以帮助监管部门建立起系统的理论基础，提高环境保护工作的水平。

1.讲座

专家学者可以为监管部门提供专题讲座，介绍环境保护的基本概念、原理和方法。他们可以分享最新的研究成果和实践经验，向监管部门传递前沿的环境保护知识。

2.研讨会

监管部门可以组织研讨会，邀请专家学者和从业人员共同参与。研讨会可以围绕具体的环境保护问题展开讨论，促进交流和合作，并深入探讨解决方案和最佳实践。

3.培训课程

监管部门可以根据自身需求，组织针对性的培训课程。这些课程可以涵盖环境科学、环境法律法规、环境管理等方面的知识，帮助监管部门了解相关政策和标准，并掌握实施环境保护工作的技能和方法。

4.学习资源

监管部门可以提供学习资源，如教材、参考书籍、在线课程等，供员工自主学习。这样可以让监管部门的人员随时随地进行学习，并不断提升自身的专业素养。

（二）实践培训

除了理论培训外，监管部门还可以通过现场指导和实践活动来帮助员工掌握环境保护工作的实际操作技能。这种方式能够加强对理论知识的应用和理解，提高工作效率和质量。

1.现场考察

监管部门可以组织现场考察，到一些成功的环境保护项目或企业进行实地参观和学习。通过亲眼目睹和参与，监管部门的人员可以了解先进的环境保护技术和管理模式，并借鉴其经验。

2.实践操作

监管部门可以安排实践操作环节，让员工亲自参与环境保护工作并实践所学。例如，设立模拟环境监测点进行采样和分析或参与环境影响评价报告的编制等。通过实际操作，员工可以更好地理解和掌握环境保护工作的流程和技巧。

3.项目合作

监管部门可以与相关企业或研究机构开展合作项目，共同推进环境保护工作。这种合作可以为监管部门提供实践机会，让其参与实际项目并与专业人士进行合作，从而积累经验和提高技能。

（三）案例分析

监管部门可以定期组织一些案例分析活动，让员工学习和借鉴他人在环境保护方面的成功经验。这些活动可以促进交流和互动，激发创新思维，并提供解决问题的思路和方法。

监管部门可以选取一些典型案例，对其进行深入分析和评估。员工可以一起参与讨论，了解案例中存在的环境问题、应对策略和效果，并从中获取启示。

第三节　公众环境教育与沟通

公众环境教育是指通过宣传、教育等方式，向公众传达有关环境保护、施工安全等方面的知识，提高公众对施工项目的理解和支持度。而沟通则是指施工方与公众之间进行信息交流和互动，以达到双方共同认可和合作的目的。

一、公众环境教育的方式和内容

（一）宣传

宣传是一种重要的方式，通过广泛传播信息，可以帮助公众了解并正确评价施工项目。在公路桥梁施工中，宣传可以通过多种媒体渠道进行，如电视、广播、报纸和网络等。

1.目标与进展情况

在宣传中，可以向公众介绍施工项目的目标和进展情况。公众对于项目的背景和目标了解得越多，就越能够理解项目的必要性和意义。同时，及时向公众通报施工项目的进展情况，可以让他们知道项目的实施进度和效果，增强对项目的信心和支持。

2.环境保护措施

在宣传中，应当重点介绍施工项目采取的环境保护措施。目前，公众对环境问题越来越关注，因此了解施工方为保护环境所做的努力是非常重要的。可以向公众解释施工过程中可能对环境产生的影响，并详细说明采取的措施，以减轻对环境的不良影响。例如，可以介绍施工过程中的噪声、振动和粉尘控制措施，以及对水体、空气和土壤的保护措施等。

3.相关知识传递

宣传还可以通过向公众传递相关知识，提高他们对环境保护和施工安全等方面的认识。可以向公众介绍有关环境保护法律法规、施工标准和技术要求等内容，让他们了解施工方在环境保护方面的责任和义务。也可以向公众传达一些基本的安全常识，如施工现场的危险区域、施工车辆与行人的交通安全等，以增强公众的安全意识。

4.正确理解与评价

通过宣传，可以引导公众正确理解和评价施工项目。公众对施工项目的态度和看法直接影响着项目的推进和顺利进行。因此，宣传应当注重传递真实、客观的信息，避免夸大或隐瞒事实。

（二）教育

教育是一种系统的环境教育活动，针对特定群体进行。在公路桥梁施工中，通过教育可以向公众传递有关环境保护、施工安全等方面的知识，提高公众的环境保护意识。

1.讲座和展览

教育可以通过组织讲座和展览等形式进行。这些活动可以邀请专家学者或相关领域的专业人士，向公众传递有关环境保护和施工安全的知识。通过讲座，公众可以了解到最新的环境保护理念、技术和措施。展览则可以通过图片、文字和模型等形式展示施工项目的目标、进展情况以及环境保护措施，增加公众的参与感和互动性。

2.户外教育活动

除了室内活动，教育还可以开展户外教育活动，引导公众亲自参与环境保护行动。例如，可以组织环境保护义工活动，邀请公众参与垃圾清理、绿化种植等活动，增强公众的环境保护意识和责任感。通过亲身参与，公众可以更加深刻地体验到环境保护的重要性，并将其转化为行动。

3.增强环境保护意识

通过教育，可以帮助公众增强环境保护意识。通过向公众传递环境保护的知识，让他们了解环境问题的严重性和影响，并明白自己在环境保护中的角色和责任。教育还可以引导公众思考环境保护与个人生活的关系，鼓励他们采取具体的行动，如节约能源、减少废物产生等，为环境保护贡献力量。

二、沟通与互动

公众沟通是公路桥梁施工中至关重要的一环，只有与公众建立有效的沟通渠道，才能够实现共同认可和合作。

（一）双向沟通

双向沟通指的是施工方与公众之间进行信息交流和互动的过程。通过双向沟通，可以实现施工方与公众的共同认可和合作。

1.传递信息

在双向沟通中，施工方应主动向公众传递有关施工项目的信息。这包括项目的目标、规划、进展情况以及可能带来的影响等。施工方可以通过多种渠道进行信息传递，如项目简报、宣传册、网站等。通过传递准确、详细的信息，可以让公众了解到项目的进展情况，增强对项目的理解和支持。

2.听取意见和反馈

除了传递信息，双向沟通还需要施工方倾听公众的意见和反馈。公众对施工项目可能存在疑虑、担忧或建议，施工方应积极倾听并认真对待。可以通过组织座谈会、问卷调查等形式，征集公众的意见和反馈。

在施工现场也可以设立意见箱或提供联系方式，让公众能够方便地反馈问题和意见。施工方需要及时回应公众的关切，解答疑问，并采取适当的措施解决问题，以增强公众的参与感和满意度。

3.解答疑问和解决问题

公众可能对施工项目的具体细节、影响范围、环境保护措施等方面存在疑问，施工方需要及时提供准确的解答。如果公众遇到与施工相关的问题，施工方也应积极协助解决，提供必要的支持和帮助。

4.共识和协调

施工方需要充分尊重公众的利益和关切，认真倾听公众的意见和建议，并在施工过程中积极采取措施，减少不利影响。公众也需要理解和支持施工方在项目实施中所面临的困难和挑战。通过双方的共同努力，可以达成共识并推动施工项目顺利进行。

（二）定期沟通会议

为了促进施工项目的环境保护和安全管理,施工方可以定期组织沟通会议。这些会议应邀请公众代表、相关部门代表等各方参与,旨在就施工项目的环境影响、安全措施等问题进行深入交流和讨论,以达成共识和协调。

定期沟通会议提供了一个平台,使得施工方能够与公众代表进行直接对话,公众代表可以包括附近居民、环保组织成员等。通过面对面交流,施工方能够更好地了解公众的关切和需求,并及时解答他们可能存在的问题。这种交流有助于建立信任和合作关系,增加公众对施工项目的理解和支持。

邀请相关部门代表参与沟通会议,可以确保施工项目在环境保护和安全管理方面符合法规要求。相关部门代表可以是环保局、安监局等部门的专业人员。他们可以就施工过程中可能涉及的环境污染、噪声扰民、安全风险等问题提出专业意见和建议。施工方可以根据这些意见和建议进行调整和改进,以确保项目的可持续发展和安全运行。

定期沟通会议有助于形成共识和协调各方利益。通过深入交流和讨论,不同利益相关方可以就环境保护、安全管理等问题达成一致意见。施工方可以充分考虑公众和相关部门的意见和需求,适时调整施工计划和措施,以减少对环境和公众的不良影响,并确保施工过程中的安全性。

（三）社交媒体和网络平台

在现代社会中，社交媒体和网络平台成为信息传播的重要渠道。施工方可以通过建立微博、微信公众号等社交媒体和网络平台，与公众进行在线互动和沟通，以便及时回应公众关切并解决问题。

通过建立微博、微信公众号等平台，施工方可以向公众传递相关信息。公众也可以通过这些平台向施工方提出问题、反馈意见，并期待得到及时的回应。这种双向的在线互动使得施工方能够更加及时地了解公众的关切和需求，并进行回应，同时采取相应的措施进行解决。

通过社交媒体和网络平台发布的信息可以迅速传播给大量用户，包括附近居民、媒体、环保组织等。施工方可以利用这一优势，向公众宣传自身的环保理念和安全管理措施。当有负面信息或传闻出现时，施工方也可以通过这些平台进行澄清和解释，避免产生不必要的误解和争议。

第四节　环境教育与培训的评估与改进

公路桥梁施工涉及多个环节和各种资源。在这个过程中，为了确保施工过程中的环境影响最小化，环境教育与培训起着关键的作用。

一、评估现状

（一）培训方法与工具

在评估培训方案时，除了教育内容，还需要考虑培训方法和使用的工具。传统的面对面培训可能存在时间和空间上的限制，而现代技术可以提供在线培训和模拟实验等更灵活的方式。因此，评估应该关注培训方法的效果以及培训工具的可行性和可用性。

1.培训方法的评估

评估培训方法的效果是确保培训能够达到预期目标的重要一环。以下是一些常见的培训方法和评估考虑的因素。

（1）在线培训

现代技术使得在线培训变得更加普遍和便利。评估时，可以考察学员对于在线平台的适应程度、互动性、学习效果以及技术支持等因素。

（2）模拟实验

通过模拟实验可以提供学员与真实场景相似的体验，并进行操作和决策的实践。评估时，可以关注学员在模拟实验中的表现、技能的掌握程度以及知识的应用能力等方面。

2.培训工具的评估

选择适合的培训工具是保证培训顺利进行的重要环节。以下是一些常见的培训工具和评估的考虑因素。

（1）在线平台

评估在线平台时，可以关注其用户友好性、功能完善性、稳定性以及数据安全性等方面。

（2）多媒体教材

多媒体教材包括视频、音频和图像等形式，可以提升学习效果和吸引学员的兴趣。评估时，可以考察教材的质量、内容与目标的契合度以及学员对于教材的反馈等因素。

（二）效果评估

效果评估可以通过调查和观察施工人员的知识水平、意识和行为，来评估环境教育与培训对他们的影响。可以进行定性和定量的调查，通过问卷调查、个别或小组访谈等方式，收集施工人员在环境保护方面的知识掌握情况、态度和行为改变情况。例如可以询问他们是否了解环境法规和政策、是否知道如何正确处理废弃物等。同时观察施工现场的行为表现，如是否按照环保要求使用防护设备、是否遵守环境管理制度等。通过比较环境教育与培训前后的调查结果和观察数据，可以评估培训对施工人员的影响程度。

二、改进措施

（一）更新教育内容

根据评估结果，为确保环境教育与当前环境法律法规和最新的环境保护技术相符合，有必要更新教育内容。更新后的教育内容应涵盖施工过程中常见的环境问题和应对措施，并强调环境保护的重要性和责任。

教育内容应对施工过程中常见的环境问题进行全面介绍。清晰地阐述这些问题的来源、影响和潜在风险，可以增加施工人员对环境问题的认识和理解。

教育内容应针对每个环境问题，给予详细的说明和相应的应对措施，并强调其操作方法和实际效果。

教育内容还应强调环境保护的重要性和责任。施工人员应该明白环境保护不仅是法律的要求，更是对社会和未来世代的负责。教育内容可以通过案例分析、实地考察等方式，引导施工人员深刻认识到环境问题的严重性，并激发他们的环保意识和责任感。

在更新教育内容时，还应考虑采用多种形式和渠道进行教育。除了传统的面对面培训，可以结合现代技术应用进行教育。这样可以提高教育的覆盖范围和灵活性，使更多施工人员接受及时有效的环境教育。

（二）持续监测与评估

改进不应该停止于一次性的评估，而是应该建立一个持续监测与评估的机制。定期对施工人员进行调查和观察，了解他们对环境教育的理解和实施情况；通过监测环境指标，定期对监测结果进行分析和评估；对环境教育与培训的效果进行评估，以确保其达到预期的效果。

持续监测与评估的机制可以帮助发现问题、解决问题，并不断改进环境教育和培训工作。通过定期调查和观察施工人员，可以及时了解他们的需求和困难，有针对性地进行改进和补充教育内容。通过监测环境指标，可以及时发现环境问题，并采取措施加以解决，从而保证施工过程符合环保要求。通过评估环境教育与培训的效果，及时调整培训方案和方法，可以保证教育的有效性和可持续性。

第十章　公路桥梁施工环境管理与监测体系

第一节　桥梁施工监测的意义和重要性

桥梁作为交通基础设施的重要组成部分，对于保障道路交通安全、促进经济社会发展具有重要意义。在桥梁的设计、建设和使用过程中，施工监测起着至关重要的作用。

一、提前发现问题，及时采取措施

（一）桥梁施工中可能存在的问题

在桥梁的施工过程中，可能会面临各种问题和风险。这些问题如果得不到及时发现和解决，可能会导致桥梁的质量问题，甚至造成严重事故。以下是一些在桥梁施工中可能存在的问题。

1.地质条件不稳定

在土方开挖过程中，可能会遇到地质条件复杂、土层松散或存在地下水等问题。这些因素可能导致土方坍塌、边坡滑动等安全隐患。

2.混凝土浇筑质量问题

混凝土浇筑是桥梁施工中关键的一环。如果混凝土配合比不正确、浇筑过程中控制不当，可能导致混凝土强度不达标，影响桥梁的承载能力和使用寿命。

3.钢筋加工尺寸偏差

钢筋作为桥梁结构的重要组成部分，其加工尺寸的准确性直接关系到桥梁的稳定性和安全性。如果钢筋加工尺寸存在偏差，可能会影响桥梁的承载能力和结构强度。

4.荷载超限

在桥梁施工过程中，如果荷载超过了设计要求或者施工阶段未能合理考虑临时荷载的影响，可能会对桥梁结构造成额外的应力和变形，从而影响桥梁的安全性和稳定性。

（二）施工监测的方法和手段

桥梁施工监测是通过多种方法和手段对桥梁施工过程中的各项参数进行实时监测和记录，以便及时掌握施工质量、安全状况的一项重要工作。以下是常见的桥梁施工监测方法和手段。

1.传感器技术

传感器技术在施工监测中扮演着重要的角色，被广泛应用。常见的传感器种类包括应变计、位移计、倾斜计和温度计等。这些传感器可以安装在桥梁结构的关键位置，实时测量结构的变形、挠度、应力等参数，并将数据传输到中央监测系统进行处理和分析。

传感器技术的应用使得桥梁结构的监测更加全面和精确。通过应变计，可以测量结构的应变情况，从而了解结构的受力情况；位移计可以实时测量结构的位移，帮助我们了解结构的变形情况；倾斜计可以测量结构的倾斜角度，对于发现结构的倾斜变形提供了及时的预警；温度计可以测量结构的温度变化，有助于了解结构的热膨胀情况。

这些传感器通过将收集到的数据传输到中央监测系统，能够进行实时的数据处理和分析。监测系统可以根据传感器提供的数据，对结构的健康状况进行评估，及时发现结构的异常变化并采取相应的措施。监测系统还可以记录和存储历史数据，为结构的长期健康状况评估提供依据。

2.图像监测技术

图像监测技术通过摄像机或无人机等设备对施工现场进行实时拍摄和录像，以获取关键信息。这种技术可以提供直观的视觉数据，有助于监测人员了解施工进度、施工质量等情况。

利用图像监测技术，监测人员可以随时远程查看施工现场的实时影像，了解施工过程中的变化和进展。他们可以观察各个施工阶段的工作情况，确保施工按计划进行，并及时采取措施解决可能出现的问题。图像监测还能为施工管理人员提供可靠的证据，用于评估施工质量和安全性。

图像监测技术还可以用于桥梁的安全监测。通过安装摄像机或无人机，监测人员可以实时观察桥梁的结构状况，发现潜在的安全隐患。例如，可以检查桥梁的裂缝、变形情况，以及周围环境的变化，确保桥梁的稳定性和安全性。

3.非破坏检测技术

非破坏检测技术是通过使用雷达、超声波等设备对桥梁结构进行无损检测，以评估结构的完整性和质量。这种技术可以用于检测混凝土质量、钢筋锈蚀、裂缝等问题，并提供施工质量和安全状况的评估依据。

非破坏检测技术的一个主要优势是能够在不破坏结构的情况下获取信息。传统的破坏性检测方法需要进行样本采集或者拆除部分结构，这样会对桥梁的完整性造成影响。而非破坏检测技术则可以通过无损手段获取结构内部的信息，保持桥梁的完整性。

例如，通过使用雷达技术，可以探测混凝土中的缺陷和空洞；超声波技术则可以用于检测钢筋的锈蚀和断裂情况；红外热像仪可以检测桥梁表面温度分布，帮助发现结构的热膨胀问题。通过应用这些非破坏检测技术，监测人员可以快速准确地评估结构的质量和安全性。

非破坏检测技术还可以用于桥梁的定期检测和维护。通过定期使用这些技术对桥梁进行检测，可以及时发现潜在的问题，并采取相应的修复措施，以保持桥梁的正常运行和使用寿命。

4.声学监测技术

声学监测技术是通过在桥梁结构中布置声学传感器，实时监测结构的声音变化，以判断是否存在结构的松动、断裂或破损等问题。声学监测技术可以对桥梁的结构健康状况进行评估和预警。

声学监测技术基于结构产生的声波信号进行分析和识别。通过在桥梁的关键位置安装声学传感器，可以捕捉到结构产生的声音变化。这些声音变化可能源自结构的振动、松动、断裂等情况。监测人员利用声学监测系统对这些声音进行实时采集和分析，以判断结构的健康状况。

声学监测技术具有以下优势：它可以实现对大面积结构的全面监测。通过在桥梁的多个关键位置布置声学传感器，可以覆盖整个结构，从而获取更全面的数据；声学监测技术是一种非接触式的监测方法，不会对结构造成任何影响，保持了桥梁的完整性和稳定性；声学监测技术具有高灵敏度和实时性，可以及时发现结构异常，预警潜在的问题。

通过声学监测技术，监测人员可以根据收集到的声音数据进行分析和识别。他们可以建立基准声音模型，对比实际监测到的声音信号，判断结构是否存在异常。一旦发现异常情况，监测人员要及时汇报并联系相关人员采取相应的措施进行修复或加固，以确保桥梁的安全运行。

以上是常见的桥梁施工监测方法和手段。通过使用这些技术手段，可以全面、准确地了解桥梁施工过程中的各项参数，并及时发现问题，采取相应措施，保证桥梁的施工质量和安全性。这些监测数据还可以为后期的维护和管理提供参考依据，延长桥梁的使用寿命。

二、建立完善的档案资料

在桥梁施工过程中，建立完善的档案资料是施工管理的重要环节。通过记录施工过程中的各种数据信息，可以为事后评估、验收和维护提供参考依据，保障桥梁的质量和安全。

（一）档案资料的内容

建立完善的档案资料需要包括以下内容。

1.施工记录

施工记录是对施工过程中各个阶段和环节进行详细记录的一项重要工作。它包括起止时间、施工人员、设备使用情况等信息。这些记录对于回顾施工过程、分析问题原因以及评估施工效率具有重要意义。

施工记录可以用于回顾施工过程。通过记录每个阶段的起止时间和所涉及的工作内容，可以帮助施工管理人员全面了解整个施工流程。这有助于回顾施工进展、检查工作质量，并为类似项目提供经验参考。

施工记录可以用于分析问题原因。如果在施工过程中出现了问题或质量缺陷，施工记录可以提供有关该问题发生的具体时间、施工人员、设备使用等信息。这使得施工管理人员能够更准确地确定问题发生的原因，并采取相应的纠正措施，以避免类似问题再次发生。

施工记录还可以用于评估施工效率。通过记录施工开始和结束的时间，以及施工人员和设备的使用情况，可以计算出每个阶段的施工时间和资源消耗。这样可以评估施工进度是否符合计划，并为后续项目的规划和预算提供参考。

施工记录的编写应准确、详细、系统。可以使用电子表格或专门的施工管理软件来记录信息，并及时更新。同时，施工记录需要妥善保存，以备日后查阅和参考。

2.监测数据

监测数据的记录包括结构变形、荷载响应、环境影响等。

（1）结构变形

通过安装传感器并实时监测结构的变形情况，可以获取关键位置的位移、挠度、应变等数据。这些数据能够反映结构在施工过程中的变形情况，帮助我们了解结构的受力状态以及是否存在异常情况。

（2）荷载响应

通过监测荷载引起的结构振动、应力分布等数据，可以评估结构在不同荷载条件下的性能和稳定性。这对于确保桥梁在运行过程中的安全性至关重要。

（3）环境影响

例如，监测温度、湿度等环境参数的变化可以帮助了解结构的热膨胀、潮湿腐蚀等问题。这有助于制定合理的养护措施，防止环境因素对桥梁造成损害。

记录监测数据需要准确、详细和系统地进行。通常可以使用专门的监测仪器和传感器来实时采集数据，并通过数据处理软件进行存储和分析。监测数据的安全保存和备份也是非常重要的，以便后续分析和比较。

3.工程变更

工程变更记录是对施工过程中的工程变更情况进行详细记录的一项重要任务。它包括设计调整、材料更换等信息。这些记录对于事后审计和维权至关重要，可以确保施工过程的合规性和施工质量。

工程变更记录可以提供关于施工过程中发生的设计调整的详细信息。包括设计图纸、技术规范或方案的变更以及变更的原因和时间。通过准确记录工程变更，可以确保施工按照最新的设计要求进行，并为后续审计和维权提供依据。

工程变更记录可以记录施工过程中的材料更换情况。如果在施工过程中需要更换材料，例如替换有缺陷的材料或根据实际情况调整材料选择，工程变更记录将记录更换的材料种类、数量、原因以及验收情况。这有助于确保施工质量和合规性，并为可能发生的纠纷提供证据。

工程变更记录还可以记录其他与工程相关的变更情况，如施工方法的调整、进度计划的修改等。这些变更可能会对工程造成影响，因此记录变更细节可以提供全面的施工信息，并帮助识别和解决潜在的问题。

施工管理人员应当密切与设计师、监理等相关方沟通，并将所有变更事项及时记录下来。这些记录可以采用电子文档或纸质文档的形式保存，以备日后审计和维权使用。

4.质量验收记录

质量验收记录包括材料检测报告、施工工艺验证、试验结果等信息。这些记录可以用于桥梁的最终验收，并作为档案资料的一部分。

（1）材料检测报告

在施工过程中，各种材料的质量必须符合设计和规范要求。通过对材料进行实验室测试和检测，可以确保其质量达到预期标准。相关的检测报告应被记录下来，以便后续的质量审查和验收。

（2）施工工艺验证

施工工艺的正确性直接影响桥梁的质量和安全性。因此，在施工过程中，需要验证施工工艺是否符合设计要求，并采取适当的措施确保施工质量。相关的验证记录将提供工艺执行的证明和评估依据。

（3）试验结果

在施工过程中，可能需要进行各种试验，如结构强度试验、防水试验等。这些试验的结果对于评估桥梁的质量和安全性至关重要。试验结果将被记录下来，以便最终验收和后续维护的参考。

（二）建立完善的档案资料的方法

1.规范记录流程

建立规范的记录流程，包括施工记录、监测数据收集和整理等。确保记录的准确性和完整性。

2.使用专业软件和设备

使用专业的软件和设备进行数据采集、处理和存储可以提高数据的可靠性和安全性，确保档案资料的质量和完整性。

在数据采集方面，可以选择与监测设备兼容的数据采集软件，以确保准确地记录和保存监测数据。在数据处理和分析方面，可以使用专业的数据处理软件，如结构分析软件、数据管理系统等，以处理大量数据并生成有效的结果。通过使用专业软件，可以提高数据处理的准确性和效率。

选择与任务要求相符合的高质量监测设备，如传感器、测量仪器等。这些设备应具有准确度高、可靠性好的特点，以确保采集到的数据的准确性和可信度。定期维护和校准设备也是重要的，以保持其精确性和稳定性。

数据存储的安全性也是需要考虑的因素。选择可靠的数据存储设备和方法，如云存储、硬盘备份等。确保数据的备份和恢复机制，并采取适当的安全措施，如加密、权限管理等，以保护档案资料免受未经授权的访问和损坏。

使用专业软件和设备可以提高数据的可靠性和安全性。这些工具和设备具有更高的精度、稳定性和功能性，使数据采集、处理和存储过程更加可靠和高效。相关人员需要接受相应的培训和指导，以熟练操作和管理这些专业软件和设备。

3.建立档案管理系统

通过建立档案管理系统，可以对档案资料进行分类、整理和存档，提高档案资料的可用性和管理效率。

建立档案管理系统需要对档案资料进行合理的分类和编目。根据不同的项目、阶段或类型，将档案资料进行分类，如施工记录、设计图纸、监测数据等。为每个类别设置明确的标签和编号，以便后期的检索和归档。

将档案资料按照分类进行整理，并采取适当的方式进行归档，如文件夹、盒子、电子文档等。在整理过程中，应注意保持档案资料的完整性和顺序性，确保每个文件都被正确地归档。

建立档案管理系统还需要制定相应的存档规则和流程。确定档案资料的保管期限、存放位置和访问权限等，确保档案的安全性和可追溯性。同时，建立档案借阅和归还的流程，确保档案资料的使用和管理符合规范。

通过建立电子数据库和文档管理软件，可以实现档案资料的数字化存储、检索和共享。这样可以节省空间，减少纸质档案的管理成本，并提高档案资料的可用性和保密性。

建立档案管理系统需要与相关人员进行充分的沟通和培训，以确保他们了解并遵守档案管理流程和规范。定期的档案审查和维护也是必要的，以保持档案管理系统的有效性和更新性。

三、桥梁养护和维修的依据

桥梁养护和维修是确保桥梁长期安全运行的重要环节。而桥梁施工监测获取的数据信息对于养护和维修工作具有重要的依据和指导作用。以下是桥梁养护和维修的依据。

（一）评估桥梁健康状况

通过桥梁施工监测获取的数据信息，可以对桥梁结构进行全面评估，了解其健康状况和存在的问题。这些数据包括振动、位移、应力、温度等各项指标的监测结果。

1.结构健康评估

结构健康评估是利用监测数据对桥梁结构的变形、裂缝、破损等情况进行分析，以判断结构是否受到损伤，并评估桥梁的结构健康状况。通过结构健康评估，可以及时发现潜在问题，采取相应的维修和加固措施，保证桥梁的安全运行。

通过在桥梁关键位置安装传感器，可以实时获取结构的变形、振动、应变等数据。这些数据可以用来识别结构是否存在异常变化，如超过设计限值的变形或裂缝等。

监测数据的处理包括数据校核、数据清洗和数据分析等步骤。通过比对实测数据与设计数值或基准数据，可以判断结构的健康状态，例如判断结构是否超过安全界限，是否存在损伤或破坏。

结构健康评估还需要结合结构的设计和使用历史，考虑结构材料的老化、环境因素以及负荷变化对结构的影响。通过综合分析这些因素，可以更准确地评估桥梁的结构健康状况。

结构健康评估的结果将提供给相关人员，如工程师、设计师和监理人员，用于制订维修和加固方案。根据评估结果，可以采取相应的措施，如修补裂缝、加固构件或进行全面的维护和修复工作，以确保桥梁的安全运行和使用寿命。

2.功能评估

功能评估是通过分析桥梁使用过程中的振动、位移等数据，对桥梁在承载能力、舒适性等方面的功能状态进行评估。通过功能评估，可以了解桥梁的实际工作情况，确定其是否满足设计要求和使用需求。

通过在桥梁结构上安装合适的传感器，可以实时获取振动、位移等数据。这些数据反映了桥梁在使用过程中的动态响应，可以用来评估桥梁的功能状态。

通过比对实测数据与设计规范或基准值，可以评估桥梁在承载能力、舒适性等方面的表现。例如，可以通过振动数据判断桥梁是否超出允许范围，通过位移数据评估桥梁是否存在过大的变形。

功能评估还需考虑桥梁使用环境和负荷条件的影响。例如，不同的交通负荷、气候条件和地震活动都可能对桥梁的功能产生影响。因此，在功能评估中需要综合考虑这些因素，以全面了解桥梁的状态和性能。

功能评估的结果将提供给相关人员，如工程师、设计师和管理人员，用于确定是否需要采取修复、加固或维护措施。根据评估结果，可以制订相应的计划和措施，以确保桥梁在使用过程中满足承载能力和舒适性等功能要求。

（二）确定养护和维修方案

基于桥梁施工监测数据的评估结果，可以制订相应的养护和维修方案。根据不同的问题和损伤程度，确定具体的处理方法和措施，具体包括以下方面。

1.养护计划

养护计划是根据桥梁健康状况评估结果制定的一项重要工作。它旨在对桥梁进行定期巡检、清洁、涂漆等保养工作，以延长桥梁的使用寿命并确保其安全可靠地运行。

根据桥梁的健康状况评估结果，制订合理的养护计划。这个计划应包括养护频率、养护内容和养护方法等。例如，根据评估结果确定桥梁所需的巡检周期，并规定清洁、涂漆、维修等具体的养护措施。

通过定期巡检，可以及时发现桥梁上的损伤、裂缝、锈蚀等问题，并采取相应的维修和加固措施。巡检人员应对桥梁各个部位进行细致的观察和检测，并记录下发现的问题和需要处理的事项。

定期清洗桥梁表面的污垢和沉积物，可以防止其对结构产生不利影响，并维护桥梁的外观和美观。

养护计划还需要根据桥梁材料的特点和环境条件进行涂漆和防腐工作。通过定期的涂漆和防腐处理，可以保护桥梁结构免受氧化、腐蚀等因素的侵害，延长桥梁的使用寿命。

养护计划的执行需要有专业的团队和设备支持。养护人员应具备相应的技能和经验，熟悉养护工作的操作要点和安全注意事项。合适的养护设备和工具也是必要的，以确保养护工作的质量和效率。

2.维修方案

维修方案是针对桥梁结构存在的问题和损伤，根据监测数据分析结果制定的一项重要工作。它旨在通过有针对性的维修措施，解决桥梁存在的问题，确保其安全可靠的运行。

根据监测数据的分析结果，确定桥梁存在的问题和损伤。例如，通过分析裂缝、变形、振动等监测数据，可以判断出桥梁受损部位以及可能的原因。

根据问题和损伤的性质和严重程度，制订相应的维修方案。这包括针对具体问题的维修措施、所需材料和工艺等。例如，对于裂缝问题，可以采取补修、填充或加固的方式；对于受损部位，可以进行修复或更换；对于老化材料，可以进行更新或涂覆保护层等。

维修方案还需要考虑桥梁的使用条件和环境因素。例如，根据桥梁所处的气候、交通负荷和地震活动等情况，制订合适的维修方案；还需要考虑维修过程对桥梁正常使用的影响，如交通管制和施工期限等。

维修方案的执行过程中应进行监督和检查，确保维修工作按照计划和要求进行，并达到预期的效果。定期的维护和维修记录也应进行更新和保存，以便后续的管理和评估。

第二节　环境管理体系建立与运行机制

为了保护环境、实现可持续发展，必须建立健全环境管理体系，并加强对施工环境的监测。

一、环境管理体系建立的步骤

环境管理体系是一套组织和管理施工活动以减少对环境负面影响的措施和方法。下面将介绍环境管理体系建立的 5 个步骤。

（一）确定目标和制订计划

确定目标和制订计划是环境管理体系建立的第一步，它是确保环境管理工作顺利进行的基础。在确定目标和制订计划时，应综合考虑施工项目的特点、环境保护要求以及相关法律法规，具体步骤如下。

1.确定环境管理目标

根据施工项目的性质和规模，明确环境管理目标。例如，减少噪声和振动对周边居民的影响、控制扬尘和水污染的程度等。目标应具体、可衡量，并与环境保护要求相一致。

2.分析环境风险和影响因素

对施工过程中可能产生的环境风险和影响因素进行全面分析。包括施工活动可能引起的噪声、振动、空气、水、土壤等方面的影响，并确定其潜在的危害程度。

3.制订计划和时间表

根据环境管理策略和措施，制订详细的计划和时间表。明确各项任务的责任人、完成时间和监督措施，确保环境管理工作按计划、有序进行。

4.分配资源和建立预算

根据环境管理计划，合理分配必要的人力、物力和财力资源，并制定相应的预算。确保环境管理工作能够得到足够的支持和保障。

5.建立沟通与协调机制

建立与相关利益相关方的沟通与协调机制，包括政府部门、居民和其他相关单位。及时向他们传达环境管理信息，解决问题，共同推动环境保护工作。

（二）制订管理方案

制订管理方案是环境管理体系建立的关键步骤之一，它是针对具体施工项目的特点和环境保护要求确定的控制措施和管理程序。下面是制订管理方案的具体步骤。

1.确定控制措施

根据分析结果，确定适用于该施工项目的控制措施。例如，在噪声方面，可以使用隔离屏障、降噪设备；在扬尘方面，可以采取喷淋、覆盖等措施；在水污染方面，可以建立雨水收集系统、设置沉淀池等。确保控制措施能够有效减少环境影响，并符合相关法律法规和标准要求。

2.确定管理程序

确定明确的管理程序，包括环境监测、事件报告与处理、培训与教育等。环境监测程序应明确监测指标、频次和方法，并建立相应的数据记录和分析机制。事件报告与处理程序应规定各类环境事件的报告渠道和处理流程。培训与教育程序应确定员工环境意识培养计划和相关培训内容。

3.确定责任与权限

明确各个层级和岗位的责任和权限,确保环境管理工作能够得到有效实施。例如，确定环境管理团队的职责和权力，明确监督检查人员的权限和责任范围。同时，要建立健全的沟通与协调机制，确保信息的传递和问题的解决。

4.编制操作指南和手册

根据管理方案，编制详细的操作指南和手册，对各项管理措施进行具体说明和步骤操作。确保管理方案能够落地实施，减少误操作和管理漏洞。

（三）组建管理团队

组建管理团队是环境管理体系建立的关键环节，它能够确保环境管理工作的有效实施和监督。

1.确定团队成员

根据环境管理的特点和要求，确定团队成员的数量和职位。通常包括环境专家、工程师、监测人员等。根据项目规模和复杂程度，确定合适的团队规模。

2.设定职责和权限

明确各个团队成员的职责和权限，确保他们清楚了解自己在环境管理中的角色和任务。例如，环境专家负责环境影响评价和管理方案的制订，工程师负责施工过程中的环境监测和控制措施的执行。

3.建立沟通与协调机制

建立团队内部的沟通与协调机制，确保信息的传递和问题的解决。例如，定期组织会议、工作讨论和经验分享，促进团队成员之间的交流和合作。

（四）实施与监督

实施与监督确保环境管理方案的有效实施和施工活动对环境的监测与评估。

1.监测环境要素

在施工过程中，通过环境监测手段实时监测环境要素的变化，如空气、水、土壤、噪声、振动等。监测结果可以通过现场检测仪器、固定监测站点等方式获得。

2.评估环境影响

基于监测数据和环境管理方案，对施工活动对环境的实际影响进行评估。比较监测数据与环境标准或先前评估结果，判断施工活动是否达到环境管理目标，及时发现问题并采取纠正措施。

（五）持续改进

持续改进可以不断提高环境管理水平，确保公路桥梁施工环境保护工作达到更好的效果。以下是持续改进的具体步骤。

1.发现问题和纠正措施

根据监测和评估结果，及时发现存在的问题和不足之处。针对这些问题，制定相应的纠正措施。例如，加强控制措施的执行、优化施工方案或技术、完善管理程序等。

2.经验总结和分享

在实施过程中，及时总结经验教训，并与团队成员共享。通过经验总结，可以明确成功的经验和错误的教训，为改进提供指导和参考。

3.优化环境管理体系

根据经验总结和问题纠正，对环境管理体系进行优化。例如，修改环境管理方案、调整管理程序、更新培训内容等。确保环境管理体系与施工项目的实际情况相匹配，提高管理效果和成效。

4.加强合作与沟通

与相关部门、机构和利益相关方加强合作与沟通。及时了解最新的环境保护政策和技术要求，共同推动环境管理工作的持续改进。

5.建立改进机制

建立持续改进的机制，定期进行评估和审查，跟踪改进措施的执行情况和效果。根据评估结果，制订下一阶段的改进计划，并进行追踪和监督。

二、环境管理体系运行机制

环境管理体系是一个持续改进的过程，它需要建立运行机制来确保环境管理工作能够有效实施和持续改进。

（一）领导承诺与政策支持

领导承诺与政策支持是环境管理体系建立和运行的重要前提，它能够为环境管理工作提供明确的方向和资源支持。

1.高层领导的承诺

高层领导应明确表达对环境保护的重视，并将其纳入企业的战略决策中。他们需要意识到环境保护不仅是企业的法律义务，也是企业可持续发展的重要组成部分。通过公开表态和内部沟通，高层领导可以向员工、合作伙伴和社会传达企业对环境保护的承诺。

2.环境政策的制定与发布

基于高层领导的承诺，企业应制定并发布相关的环境政策。环境政策应包括企业对环境保护的承诺、环境目标的设定、责任分配和义务规定等内容。环境政策应在企业内部广泛传播，确保员工了解并遵守政策要求。

3.资源投入和支持

高层领导应确保环境管理体系所需的资源得到充分投入和支持。这包括人力资源、物质资源和财务资源等方面的支持。高层领导应积极为环境管理工作提供必要的预算和设备，并确保环境管理团队有足够的人员和培训支持。

4.环境管理目标的设定

基于环境政策,高层领导应与环境管理团队共同制定具体的环境管理目标。这些目标应具体、可衡量和可达成，并与企业战略和相关法律法规相一致。高层领导需要确保环境管理目标得到有效的传达和执行。

（二）管理程序和操作指南

管理程序和操作指南为环境管理工作提供了具体的规范和指导。

1.环境监测程序

制定环境监测程序，明确监测的目的、方法和频次。程序应包括监测点位的选择和布设、监测参数的确定、采样和分析方法等。同时，需要确保监测数据的准确性和可靠性，并建立相应的数据记录和分析机制。

2.事件报告与处理程序

建立事件报告与处理程序，规定各类环境事件的报告渠道和处理流程。员工在发现环境事件时，应及时向相关责任人报告，并按照程序进行处理。报告内容应包括事件的描述、原因分析、影响评估和纠正措施等。通过及时报告和有效处理，可以最大限度地减少环境事件对施工项目的影响。

3.环境控制措施操作指南

制定具体的环境控制措施操作指南，对各项管理措施进行详细说明和操作步骤。例如，噪声隔离屏障的安装、喷淋降尘系统的操作、废弃物处理的流程等。操作指南应包括必要的安全注意事项、设备操作方法和维护保养要求等，确保环境控制措施的有效实施。

4.文件和记录管理程序

建立文件和记录管理程序，规定文件的编制、审批、发布和存档流程。确保环境管理体系相关文件的准确性、及时性和完整性，并建立相应的记录管理机制。记录包括监测数据、事件报告、培训记录、会议纪要等，用于对环境管理工作的追踪和评估。

5.管理评审程序

建立管理评审程序，定期对环境管理体系进行评审和审核。评审内容可以包括环境目标的达成情况、管理程序的有效性和改进措施的实施效果等。

（三）内部审核与外部认证

内部审核是由组织内部的专业人员进行的评审活动，旨在检查环境管理体系的运行是否符合要求，并发现存在的问题和不足之处。内部审核可以由内部审核员或独立的审核团队来执行，他们应具备相关的知识和技能。

内部审核的主要步骤包括：确定审核范围、计划审核活动、收集和分析信息、开展现场审核、编制审核报告和跟踪整改措施等。通过内部审核，可以发现环境管理体系中的潜在问题，及时采取纠正措施并提出改进建议，以确保体系的有效实施和持续改进。

外部认证是由独立的第三方机构进行的评估和认证活动，旨在验证环境管理体系是否符合特定的标准和要求。通常认证机构会根据国际标准如ISO 14001或其他相关标准进行评估。外部认证的结果对于企业来说具有较高的公信力和可信度。

外部认证的主要步骤包括：选择合适的认证机构、准备相关文件和记录、进行现场评估和审核、编制认证报告和跟踪整改措施等。通过外部认证，可以向内外部利益相关方证明企业的环境管理体系符合国际标准和最佳实践，增强企业的环境形象和竞争力。

内部审核和外部认证是相辅相成的。内部审核作为自我评估的手段，帮助组织发现和解决问题，并持续改进环境管理体系。它提供了及时反馈和纠正措施，为外部认证做好准备。而外部认证则是对环境管理体系的独立验证，通过与国际标准的对比，为组织提供了更广泛的认可和可信度。

在实践中，内部审核通常先于外部认证进行，以确保环境管理体系的有效性和成熟度。内部审核发现的问题和改进措施可以在外部认证前得到解决，提高通过认证的成功率。同时，定期进行内部审核也有助于组织保持对环境管理体系的持续关注和改进动力。

（四）内外部交流与合作

内外部交流与合作有助于组织获取经验、促进创新、提高环境管理水平。

1.内部交流与合作

内部交流与合作是组织内部不同部门和团队之间的沟通与合作。通过定期召开会议、工作讨论和经验分享等形式，促进各部门间的信息共享和协同工作。例如，环境管理团队可以与设计、施工和运营团队密切配合，确保环境管理工作与项目其他方面相互配合。

2.外部交流与合作

外部交流与合作是与其他企业、行业组织、研究机构等的交流与合作。通过参加行业会议、研讨会、培训课程等，了解行业最新动态和技术发展趋势。与其他企业进行交流和合作，借鉴其先进经验和成功案例，推动自身环境管理工作的不断改进。同时，与研究机构合作，参与环境管理相关的研究项目，促进环境管理技术的创新和应用。

3.合作项目与联盟

与其他企业或行业组织建立合作项目或联盟，共同推动环境管理工作的发展。例如，可以与供应商合作开展环境友好产品的研发和推广，促进可持续采购和资源循环利用。也可以与行业组织建立合作关系，参与制定行业标准和规范，共同推动行业的环境管理水平提高。

4.政府和社会组织合作

积极与政府部门和社会组织进行合作，共同推动环境保护工作的开展。与政府部门合作，了解最新的环境法律法规和政策要求，并及时报告环境管理情况。与社会组织合作，参与公益项目和环境宣传活动，增强社会责任感和形象。

通过建立运行机制，能够确保环境管理体系的顺利运行和持续改进。这些机制有助于提高环境管理水平，降低环境风险，促进公路桥梁施工实现可持续发展目标。

第三节　施工环境监测技术与方法

一、监测指标的确定

在进行施工环境监测之前，需要明确监测指标。常见的监测指标包括噪声、振动、大气污染物、水质等。根据不同的施工环境和监测目的，可以选择适当的指标进行监测。

（一）噪声监测

噪声对周围居民的生活质量产生直接影响。为了保护居民的权益，减轻噪声对周边环境的影响，需要进行有效的噪声监测与管理。在施工环境中，常用的噪声监测仪器包括声级计和频谱分析仪等。

在监测过程中，使用声级计可以实时测量噪声水平，并记录数据。声级计是一种专门用于测量噪声的仪器，通过检测声压水平来评估噪声强度；频谱分析仪可以进一步分析噪声的频谱特征，帮助确定噪声来源及其频率成分。

（二）振动监测

在桥梁施工中，使用重型设备和机械振动可能会对周围建筑物和地下管线产生不良影响。为了保护周边环境和结构安全，需要进行有效的振动监测与管理。在施工环境中，常用的振动监测仪器包括加速度计等。

加速度计可以实时测量振动的加速度，并记录数据。通过监测振动加速度的变化，可以评估振动强度和频率成分，判断振动是否超过了允许的限值。如果超出允许的限制，要立即采取一系列控制措施预防。

（三）大气污染物监测

大气污染物包括扬尘、废气等。为了保护环境的空气质量，需要进行有效的大气污染物监测与管理。常用的大气污染物监测仪器包括气体分析仪和颗粒物监测仪等。

在大气污染物监测过程中，使用气体分析仪可以实时测量空气中各种污染物的浓度，并记录数据。通过监测不同污染物的浓度变化，可以评估施工活动对大气环境造成的污染程度。

颗粒物监测仪可以用于测量空气中的颗粒物浓度，特别是对扬尘进行监测。通过监测颗粒物的大小和浓度，可以评估施工活动对空气质量和健康的影响。

（四）水质监测

水质监测旨在评估施工活动对水质的影响，并采取相应的措施来保护水体的质量。常用的水质监测仪器包括水质分析仪、浊度计等。

在水质监测过程中，使用水质分析仪可以实时测量水中各种污染物的浓度，并记录数据。通过监测水质指标如溶解氧、pH、悬浮物、化学需氧量（COD）、总氮、总磷等，可以评估施工活动对水体的污染程度。

浊度计可用于测量水体的浊度，即水中悬浮颗粒物的浓度。通过监测水体的浊度变化，可以评估施工活动对水质的影响程度。

二、监测方法的选择

在确定监测指标之后，需要选择合适的监测方法进行监测。

（一）直接监测法

直接监测法是一种常用的施工环境监测方法，通过在监测点位设置专用仪器设备，直接对环境参数进行实时监测和记录。这种方法可以准确地获取环境参数的数据，为评估施工活动对环境的影响提供可靠的依据。

在噪声监测方面，使用噪声仪器是直接监测法的常见应用。噪声仪器通常采用声级计或频谱分析仪等设备，可以准确测量噪声的强度和频率特征。在施工现场设置合适的监测点位，并进行连续监测，可以实时记录噪声水平的变化情况。这样可以了解施工活动对周围环境产生的噪声影响，并及时采取控制措施，保护周边居民的生活质量。

振动监测也常使用直接监测法。通过安装加速度计等振动仪器，可以实时测量施工活动引起的振动强度和频率；可以精确记录振动的加速度变化，帮助评估施工活动对周围建筑物、地下管线等的振动影响。通过连续监测和记录，可以及时发现振动超标情况，并采取适当措施来减少振动的影响。

直接监测法的优点在于实时性强、数据准确可靠。它能够提供具体的参数数值，帮助评估施工活动对环境的直接影响程度。但直接监测法也存在一些局限性，如设备安装和维护成本较高，需要专业人员进行操作和数据分析；仪器设备的选择和位置的确定也需要根据具体的施工环境和监测要求进行合理规划。

（二）间接监测法

间接监测法是通过采集样本或观测现象来推断环境参数的监测结果。这种方法可以在一定程度上获取环境参数的信息，为评估施工活动对环境的影响提供参考。

在大气污染物监测方面，常用的间接监测方法之一是通过采集空气中的颗粒物样本，并进行室内分析。这样可以推断大气中各种污染物的浓度情况。例如，通过采集颗粒物样本后，使用颗粒物分析仪进行化学成分和浓度的检测。根据样本中颗粒物的组成和浓度，可以推断大气污染物的排放情况和污染程度。

在水质监测方面也可以采用间接监测法。例如，通过采集水体中的溶解氧、氨氮、总磷等指标样本，并进行实验室分析，推断水体中其他污染物的浓度和水质状况。通过观察样本中的化学指标变化，可以判断施工活动对水体的污染程度以及水质恢复的需要。

间接监测法的优点在于不需要实时监测和记录，采集样本或观察现象后可以在合适的时间和地点进行分析。这种方法具有灵活性和经济性，对于大范围的施工环境监测来说比较适用。间接监测法的缺点是数据结果可能存在一定的误差，并且需要进行室内分析和实验室测试，时间和精力成本较高。

（三）统计学方法

统计学方法是通过收集数据并进行统计分析，从而得出环境参数的监测结果。这种方法可以对大量数据进行处理和分析，为评估施工活动对环境的影响提供全面的信息。

在噪声监测方面，统计学方法可以应用于多个监测点位的噪声数据分析。通过在不同位置设置噪声监测仪器，收集多个点位的噪声数据，并进行统计分析。可以计算平均噪声水平、最大噪声值、噪声频率分布等统计指标，以评估施工活动对整体噪声环境的影响。通过统计分析，可以更好地了解噪声的分布特征和变化趋势，为制定有效的噪声控制策略提供依据。

类似地，在振动监测方面，也可以采用统计学方法来分析多个监测点位的振动数据。通过设置振动监测仪器，收集不同位置的振动数据，并进行统计分析。可以计算振动水平的平均值、标准差、频率分布等统计指标，以评估施工活动对整体振动环境的影响。通过统计分析，可以识别振动源的主要特征和影响范围，并采取相应的控制措施来减少振动的不良影响。

统计学方法的优点在于可以处理大量的监测数据，提供全面、客观的评估结果。通过统计分析，可以揭示环境参数的分布规律和趋势，为制定环境管理策略和控制措施提供科学依据。但统计学方法也需要注意数据采集的准确性和样本的代表性，以保证分析结果的可靠性。

三、监测结果的分析与评估

监测结果的分析与评估是施工环境监测中非常重要的一步，可以通过以下步骤进行。

（一）数据整理和统计

将监测所得的数据进行整理和统计。对于每个监测点位或时间段，汇总相关环境参数的监测结果，包括噪声水平、振动强度、大气污染物浓度、水质指标等。确保数据的准确性和完整性。

（二）与环境标准比较

将监测结果与国家或地方相关的环境标准进行比较。通过对比监测数据与标准限值的差距，评估施工活动是否符合规定要求。如果监测结果超过了允许的限值，表明存在环境问题，需要及时采取相应的措施加以解决。

（三）环境影响评估

根据监测结果，综合考虑施工活动对环境的影响程度，进行环境影响评估。通过分析监测数据的变化趋势、空间分布和持续时间等，判断施工活动对周围环境的影响是否可接受，并评估其潜在风险。

（四）排除干扰因素

在进行数据分析和评估时，还需排除可能的干扰因素。例如，噪声监测中需要考虑背景噪声、交通噪声等其他噪声源的影响；水质监测中需考虑自然因素和非施工活动引起的污染等。

（五）提出改善措施

根据分析和评估的结果，提出相应的环境改善措施。针对超标或不符合要求的监测数据，制订具体的整改方案，例如调整施工工序、改变施工方式、增加防护设备等，以减少环境污染和影响。

（六）重新监测和跟踪

实施改善措施后，需要重新进行监测，并跟踪监测结果的变化。通过周期性的监测，确保改善措施的有效性，并及时调整和优化措施，以持续保护环境和减轻不利影响。

第四节　公路桥梁施工环境管理的优化与创新

一、环境管理的优化

（一）数据采集与分析

传统的环境管理通常依靠人工进行数据采集和分析，这种方式存在工作效率低下和易出现误差的问题。为了优化环境管理，可以引入自动化监测系统和智能化分析工具。通过安装传感器和监测设备，实时收集环境参数数据，并利用人工智能算法对数据进行分析和预测，可以大大提高数据采集和分析的效率，并及时发现和解决问题。

自动化监测系统可以通过安装各类传感器来实时监测环境中的各种参数，如温度、湿度、空气质量等。传感器可以定期或连续地记录数据，并将其传输到中央服务器或云平台上进行存储和处理。这样，不仅可以消除人工采集数据的时间和劳动成本，还可以避免由于人为因素导致的数据误差。

智能化分析工具则通过人工智能算法对采集到的数据进行深度学习和模式

识别。这些算法可以根据历史数据和特定模型，预测未来的环境趋势和可能出现的问题。例如，基于机器学习的算法可以分析过去几年的气象数据，预测未来几天的天气状况，帮助环境管理人员做好相应的准备工作。

通过引入自动化监测系统和智能化分析工具，环境管理人员可以实时了解环境参数的变化情况，并及时采取相应的措施。例如，当监测到室内温度过高时，系统可以自动启动空调设备进行降温；当监测到空气质量下降时，系统可以及时通知相关部门进行处理。这样不仅可以提高环境管理的效率，还可以有效地预防和解决潜在问题，保障员工和公众的健康与安全。

（二）风险评估与控制

公路桥梁施工环境管理需要对可能产生的环境风险进行评估和控制。传统的方法通常是基于经验和规则，缺乏科学性和准确性。为了优化环境管理，应该引入定量化的风险评估方法，并结合实时监测数据进行动态调整。

在风险评估方面，可以采用定量化的方法来评估潜在的环境风险。这种方法基于科学模型和数据分析，通过量化各种环境因素的影响程度和可能性，计算出风险值或概率。例如，可以利用地质勘察数据、气象数据和施工历史数据，结合数学模型，对土壤稳定性、水文条件和气象变化等因素进行综合评估，预测可能出现的地质灾害和环境污染风险。

结合实时监测数据进行动态调整也是优化环境管理的重要手段。通过安装传感器和监测设备，实时收集施工现场的环境参数数据，如噪声、振动、粉尘等。这些数据可以与预先设定的阈值进行比较，例如，当噪声超过规定限值时，可以立即采取降噪措施；当粉尘浓度达到危险水平时，可以及时喷洒抑尘剂。

二、环境管理的创新

（一）空间信息技术

利用无人机和卫星遥感技术获取施工现场的空间数据，可以实现对施工影响范围的动态监测和分析。

传统的施工现场监测主要依赖于人工巡视和手工记录，这种方式存在着效率低下、容易出现遗漏和错误等问题。而利用无人机和卫星遥感技术获取空间数据，能够大大提高监测的效率和准确性。

无人机可以在施工现场进行全方位的航拍，获得高分辨率的影像数据。通过无人机的航拍，可以及时获取到施工现场的实时图像，包括建筑物、设备、道路、土地利用等情况。这些图像数据可以通过图像处理和分析算法，提取出施工影响范围内的各类信息，如施工进度、材料堆放、人员密集区域等。

卫星遥感技术可以从更广阔的视角获取施工现场的空间数据。通过卫星遥感技术可以获得更大范围的影像数据，并结合地理信息系统（GIS）进行空间分析。利用卫星遥感技术，可以监测施工现场周边的环境变化，如土地利用、水体分布、植被覆盖等情况。这些数据对于施工影响范围的评估和预测非常有帮助。

通过无人机和卫星遥感技术获取的空间数据，可以进行动态监测和分析。在施工过程中，可以定期使用无人机进行航拍，获得施工现场的最新图像数据，并与之前的数据进行对比，及时发现施工进展情况和问题。同时，利用卫星遥感技术获取的数据可以进行长时间的监测和分析，了解施工对周边环境的影响程度，为环境保护和资源管理提供科学依据。

（二）智能传感技术

利用智能传感器和物联网技术，可以实现对环境参数的自动化监测和控制，从而提高管理效率和准确性。

传统的环境监测通常需要人工参与和手动记录，这种方式存在着人力资源消耗大、数据获取不及时、容易出现遗漏和错误等问题。而利用智能传感器和物联网技术，可以实现对环境参数的实时监测和远程控制。

智能传感器可以安装在需要监测的区域或设备上，实时感知环境参数的变化。这些传感器可以监测各种环境参数，如温度、湿度、气压、光照强度等。传感器通过无线网络将采集到的数据传输给云平台或中央控制系统，实现对环境参数的实时监测。传感器还可以配备报警功能，当环境参数超过预设范围时，可以自动触发报警，提醒相关人员及时采取措施。

物联网技术可以将各个传感器连接起来，形成一个智能化的网络。通过物联网技术，可以实现传感器之间的数据交互和协同工作。例如，在一个大型建筑物中，可以安装多个传感器，监测不同区域的温度、湿度等环境参数。这些传感器通过物联网技术连接在一起，形成一个智能化的环境监测系统。这样，可以实现对整个建筑物的环境状态进行综合监测和控制。

利用智能传感技术，可以实现环境参数的自动化监测和控制。在监测方面，传感器实时采集环境数据，并将其传输到云平台或中央控制系统。相关人员可以通过手机、平板电脑等终端设备随时查看环境数据，了解当前的环境状况。在控制方面，根据环境数据的变化，可以自动调节相关设备的工作状态，如空调、加湿器、照明等，以实现对环境参数的控制和调节。

（三）大数据与人工智能

大数据与人工智能技术在环境管理中发挥着重要作用。通过对环境数据进行深度挖掘和预测，利用大数据分析和人工智能算法，可以帮助决策者做出科学合理的管理决策。

大数据分析可以处理海量的环境数据，从中发现隐藏的规律和关联。传统的环境数据采集通常只是简单地记录和存储，而随着传感器技术的发展和物联网的普及，我们可以获得大量的环境数据，如空气质量、水质监测、噪声水平等。利用大数据分析技术，可以对这些数据进行整合、筛选和处理，从中提取有价值的信息。通过对历史数据的分析，可以发现环境变化的趋势和规律，为决策者提供参考依据。

人工智能算法可以对环境数据进行深度学习和预测。通过机器学习和深度学习算法，可以建立环境数据模型，识别数据中的模式和异常。例如，可以使用人工智能算法来分析大气污染数据，预测未来的空气质量指数，并提供相应的管理建议。人工智能算法还可以应用于垃圾分类、环境监测等方面，通过对数据进行智能分析和处理，为决策者提供更准确的信息。

利用大数据与人工智能技术，可以实现环境数据的深度挖掘和预测。在数据挖掘方面，通过对大量环境数据进行分析，可以发现环境变化的规律和趋势，了解各种环境因素之间的关联关系。这些信息可以帮助决策者制定相应的管理策略和措施。在数据预测方面，通过建立环境数据模型，运用人工智能算法进行训练和预测，可以对未来的环境状况进行预测，并提前采取相应的调控措施，以降低环境风险和改善生态环境。

参考文献

[1]崔振刚.公路桥梁施工质量影响因素分析[J].运输经理世界,2023,(27):100-102.

[2]翟光明.公路桥梁施工质量管理体系及其实践案例研究[J].未来城市设计与运营,2023,(08):73-75.

[3]陈守池.桥梁机械化、智能化施工管理与控制探讨[J].交通科技与管理,2023,4(14):168-170.

[4]朱继宗.公路桥梁工程施工风险评估与安全管理策略[J].建筑工人,2023,44(07):27-30.

[5]王仕均.桥梁施工现场人员及车辆的风险智能管理探讨[J].交通科技与管理,2023,4(05):11-13.

[6]郭宏.公路桥梁施工管理及养护技术分析[J].运输经理世界,2022,(34):137-139.

[7]李品.计算机技术在公路桥梁工程施工中的应用[J].交通世界,2022,(12):6-7.

[8]褚铁成.公路桥梁施工项目管理特征及方法研讨[J].工程建设与设计,2022,(05):73-75.

[9]白旭日.公路桥梁施工管理问题及解决措施[J].新型工业化,2022,12(02):77-79+83.

[10]韦迎.公路桥梁施工建设的成本控制与管理措施[J].四川建材,2022,48(02):223-224.

[11]望远福.绿色理念在公路桥梁施工过程中的应用分析[J].运输经理世界,2021,(12):113-115.

[12]朱国涛.公路桥梁施工期间环境保护注意环节及措施[J].四川水泥,2020,(06):108.

[13]李翔,田大壮.绿色生态理念在公路桥梁施工技术中的渗透[J].冶金管理,2019,(07):136-137.